AU-DELÀ DES ÉTIQUETTES

Une trousse éducative qui favorise la compréhension des effets des préjugés sur les personnes vivant avec des problèmes concomitants de toxicomanie et de santé mentale

Au-delà des étiquettes
ISBN 0-88868-507-6
Code de produit PM057
Imprimé au Canada
© 2005 Centre de toxicomanie et de santé mentale

La présente trousse éducative a été produite par :
Rédaction : Diana Ballon et Nick Gamble, CAMH ; Sharon Kirsch
Traduction : Michel Bérubé
Conception graphique : Nancy Leung, CAMH ; Costa Leclerc Design Inc.
Production : Christine Harris, CAMH

Le présent document peut être reproduit. Dans ce cas, conformément aux lois sur les droits d'auteur, il faut indiquer la source.

Pour obtenir des renseignements sur d'autres publications du Centre de toxicomanie et de santé mentale ou pour passer une commande, veuillez vous adresser au :

Service du marketing et des ventes
Centre de toxicomanie et de santé mentale
33, rue Russell
Toronto (Ontario) M5S 2S1
Tél. : 1 800 661-1111 ou 416 595-6059 à Toronto
Courriel : marketing@camh.net

Site Web : www.camh.net

Pour de plus amples renseignements sur les questions de toxicomanie et de santé mentale ou pour obtenir d'autres ressources, veuillez appeler le Centre R. Samuel McLaughlin de renseignements sur la toxicomanie et la santé mentale de CAMH :

Sans frais en Ontario : 1 800 463-6273
À Toronto : 416 595-6111

Available in English.

Remarque : Les termes de genre masculin utilisés pour désigner des personnes englobent à la fois les femmes et les hommes. L'usage exclusif du masculin ne vise qu'à alléger le texte.

3027/07_05 PM057

REMERCIEMENTS

Le présent document est le fruit de la collaboration et du travail d'un grand nombre de personnes créatives, passionnées et dévouées. Nous sommes toutes et tous déterminés à confronter les préjugés et à changer les choses chaque fois que nous le pouvons.

Rédactrices

Marcia Gibson
Ellie Munn
Donna Beatty
Abigail Pugh

Équipe chargée du projet au Centre de toxicomanie et de santé mentale (CAMH)

Marcia Gibson, chef de projet
Donna Beatty
Jennifer Boyko
Linda Chamberlain
Mahreen Hasan
Margaret Kittel Canale
Karine MacDonald
Ellie Munn
Barbara Steep

Réviseurs

Bruce Ballon, CAMH
Heather Campbell, campagne de sensibilisation du public à la santé mentale, région du Nord-Est
Jennifer Chambers, CAMH
Richard Christie, CAMH
Don Crocock, récipiendaire du Prix Courage de revenir à la vie décerné par CAMH en 2002
Maurice Fortin, Association canadienne pour la santé mentale — Thunder Bay
Sylvie Guenther, CAMH
Carol Holmes-Kerr, Lambton Addiction Services
Suzanne Lavigne, comité de planification et de mise en oeuvre des services liés aux troubles concomitants, CAMH
Karen Liberman, Mood Disorders Association of Ontario
Maureen McVey, Soaring Spirit Studios
Betty Miller, CAMH
Claire Narbonne-Fortin, CAMH
Caroline O'Grady, CAMH
Rena Scheffer, CAMH
Chantal Wade, CAMH
Leonard Wall, Société de schizophrénie de l'Ontario
Catherine Willinsky, Association canadienne pour la santé mentale — bureau national

Animateurs du projet pilote

Aleta Armstrong-Harvey, Association canadienne pour la santé mentale — Barrie-Simcoe
Marla Banning, CAMH
Donna Beatty, CAMH
Irene Bergman, Addictions Services Kenora
Jennifer Boyko, CAMH
Tony Cerenzia, Regional Mental Health Care, London
Sylvie Guenther, CAMH
Sabrina Hassan, WOTCH (Western Ontario Therapeutic Community Hostel), London
Susan Lalonde Rankin, CAMH
Christine Lucas, projet de soutien des personnes ayant un trouble de santé mentale « The Link », Smiths Falls
Brian Mitchell, CAMH
Ellie Munn, CAMH
Michelle Ott, CAMH
Robin Paton, Simcoe Outreach Services
Michael Piercy, CAMH
Mary Quartarone, CAMH
Pat Russell, CAMH

Nos remerciements particuliers aux personnes et organismes suivants :

- Cindy Smythe, pour l'évaluation des ateliers pilotes ;
- Tammy Williams, pour les services de création et de soutien administratif qu'elle a fournis ;
- Don Crocock et Pat Russell, pour leur contribution directe au présent document ;
- Shelly Bassett, pour son travail de rédaction ;
- les organismes suivants, où le projet pilote a eu lieu : Grey Bruce Community Health Corporation, Owen Sound ; WOTCH (Western Ontario Therapeutic Community Hostel), London ; Services de santé Royal Ottawa – Hôpital psychiatrique de Brockville ; Centre de santé mentale de Whitby ;
- toutes les personnes clés qui ont participé à l'évaluation informelle des besoins ;
- tous les participants aux ateliers pilotes ;
- Christine Bois, chef du service de partage des connaissances sur les troubles concomitants, et le comité de planification et de mise en oeuvre des services liés aux troubles concomitants, CAMH, pour leur leadership et leur vision.

TABLE DES MATIÈRES

REMERCIEMENTS   iii–iv

1. INTRODUCTION   1
   Contexte   1
   Au sujet du présent document   1
   Principes directeur   4
   Un mot au sujet des mots   5

2. PRÉPARER LE TERRAIN   7
   Pour commencer   7
   Un mot au sujet des troubles concomitants   8
   Un mot au sujet des préjugés   10

3. ACTIVITÉS BRISE-PRÉJUGÉS   15
   Programme d'activités brise-préjugés   15
   1. Les faits, sans plus !   16
   2. Le saviez vous . . . ?   19
   3. Repenser la normalité   21
   4. Les mots peuvent faire mal   24
   5. Qui est étiqueté ?   27
   6. Mettez-vous dans cette situation   31
   7. Instinctivement, qu'en pensez-vous ?   34
   8. Nous avons tous un rôle à jouer   37
   9. Il y a toujours une autre histoire   43
   10. Activité de clôture : Terminer sur une note positive   49

4. CONSEILS POUR L'ANIMATEUR   51
   Lignes directrices pour l'animateur   51
   Liste de vérification pour la présentation   54
   Soyez prêt à répondre aux questions   55
   À la première personne   57
   Conseils pour les conférenciers   59
   Exemples de présentations   60

5. RÉFÉRENCES   63

6. LEXIQUE   67

7. ANNEXES : RENSEIGNEMENTS GÉNÉRAUX SUR LES TROUBLES CONCOMITANTS ET LES PRÉJUGÉS   71
   Annexe A : Parlons franchement des troubles concomitants   71
   Annexe B : Parlons franchement des préjugés   77
   Annexe C : Parlons franchement des préjugés et des troubles concomitants   81
   Annexe D : Ressources suggérées   83

INTRODUCTION

INTRODUCTION

CONTEXTE

Au-delà des étiquettes est issu de la recherche dans les domaines des préjugés et des troubles concomitants, ainsi que des renseignements recueillis auprès de personnes ayant des troubles concomitants, de leur famille et des professionnels qui travaillent en étroite collaboration avec elles.

Ces études et conversations ont permis de dégager un message clair et uniforme : bien que l'on soit de plus en plus au courant des troubles concomitants, de leur prévalence et de la nécessité de suivre une démarche intégrée pour le traitement, les préjugés associés à ces troubles demeurent un obstacle de taille pour les personnes vivant avec des problèmes concomitants de toxicomanie et de santé mentale. Les préjugés sociaux, qu'un grand nombre de personnes manifestent sans s'en rendre compte, empêchent les personnes ayant des problèmes concomitants de demander de l'aide, de se prévaloir des services offerts ou, dans bien des cas, de suivre les programmes de traitement qui sont essentiels à leur rétablissement.

AU SUJET DU PRÉSENT DOCUMENT

But
Au-delà des étiquettes a pour but :

1. d'aider les fournisseurs à s'assurer que leurs services sont accessibles et soutiennent les personnes ayant des problèmes concomitants de toxicomanie et de santé mentale en examinant les préjugés et les obstacles que créent ces préjugés ;

2. de fournir aux personnes travaillant dans les domaines de la toxicomanie et de la santé mentale des outils pratiques qu'elles pourront utiliser au sein de leur organisme et dans la collectivité pour sensibiliser le public aux préjugés associés aux troubles concomitants.

Au-delà des étiquettes n'est pas un document d'information sur les troubles concomitants. Il s'agit d'une trousse éducative qui met l'accent sur les préjugés associés aux problèmes concomitants de toxicomanie et de santé mentale. Elle comprend des activités qui :

- mettent l'accent sur les effets des attitudes et des croyances sur les personnes ayant des problèmes concomitants de toxicomanie et de santé mentale ;
- présentent les faits et révèlent les mythes concernant les troubles concomitants ;
- présentent les contributions que des personnes qui ont eu des problèmes concomitants de toxicomanie et de santé mentale ont apportées à la société ;
- présentent des démarches axées sur des solutions ;
- aident les personnes travaillant dans les domaines de la toxicomanie et de la santé mentale à mettre fin aux préjugés, aux opinions préconçues et à la discrimination.

Par l'entremise de ce processus d'apprentissage, les participants développeront leur capacité de comprendre les préjugés et leurs effets.

Public cible

Ceux d'entre nous qui fournissent des services liés à la toxicomanie et à la santé mentale ont un rôle crucial à jouer pour lutter contre les préjugés. Nous ne sommes que trop conscients des obstacles que créent les préjugés et qu'il faut surmonter pour avoir accès aux traitements et aux services de soutien. Pourtant, l'ironie de la chose, c'est que nous avons souvent nous-mêmes des préjugés cachés ou de fausses idées en ce qui concerne les troubles concomitants. *Au-delà des étiquettes* a pour but d'aider les personnes travaillant dans le domaine du traitement de la toxicomanie et des troubles de santé mentale en leur fournissant un outil interactif qui les aidera à discuter des effets des préjugés sur les personnes vivant avec des problèmes concomitants de toxicomanie et de santé mentale, à comprendre ces préjugés et à faire le point sur cette question.

Au-delà des étiquettes est un ouvrage facile à utiliser qui fournit à l'animateur des renseignements et des outils pédagogiques dont il pourra se servir auprès d'une clientèle variée, notamment :

- des collègues ;
- des bénévoles ;
- des gestionnaires ;
- des membres d'un conseil d'administration ;
- des organismes communautaires ou des coalitions ;
- et bien d'autres personnes (voir « Exemples de présentations » à la page 60).

Contenu

La présente trousse éducative comprend :

- 10 activités en groupe créées spécialement pour la trousse ;
- une description générale d'une présentation que vous pourrez donner lors d'un atelier ;
- des fiches, sur papier et sur cédérom, que vous pouvez photocopier et remettre aux participants ou qui peuvent servir à faire des transparents ;
- des renseignements généraux pour les animateurs sur les troubles concomitants et les préjugés ;
- des renseignements et des conseils sur la façon d'utiliser la trousse de façon efficiente ;
- des sujets dont on peut parler lors de séances de discussion individuelles et en groupe ;
- des faits et des idées qui garderont votre présentation intéressante et ciblée ;
- des exemples de moments opportuns où utiliser la trousse dans votre collectivité.

Comment utiliser la trousse

Il peut être difficile de trouver assez de temps pour organiser et animer une activité en groupe. Ne vous en faites pas. Vous pouvez adapter la trousse à votre emploi du temps, au nombre de participants à votre séance et aux questions sur lesquelles vous voulez mettre l'accent.

Le présent document suggère des activités qui peuvent avoir lieu lors d'une réunion du personnel, d'une séance de formation, d'un repas du midi, de visites (p. ex., dans un hôpital ou un centre de santé communautaire) ou d'une séance d'orientation s'adressant aux nouveaux employés, bénévoles ou membres du conseil d'administration. En outre, il peut être utilisé comme source de renseignements supplémentaires lors d'une séance de formation théorique sur les troubles concomitants. On trouvera des exemples de présentations à la section 4 : Conseils pour l'animateur.

PRINCIPES DIRECTEURS

- La durée suggérée de chaque activité peut être modifiée. Vous souhaiterez peut-être consacrer plus de temps à certaines activités pour y inclure d'autres sujets de discussion qui sont pertinents pour votre auditoire.
- N'hésitez pas à ajouter vos propres activités brise-préjugés dont vous avez fait l'essai ou que vous avez observées ailleurs.
- La présence d'une personne ayant vécu avec des problèmes concomitants qui agit à titre d'animateur ou de co-animateur enrichira la présentation. Dans ce cas, nous vous suggérons d'inclure à votre présentation l'activité n° 9 – « Il y a toujours une autre histoire ».
- Il n'est pas nécessaire que vous soyez un expert ! Les participants seront des partenaires à part entière lors de votre présentation brise-préjugés.
- Les activités ont été regroupées par ordre chronologique pour vous aider à organiser votre présentation d'une façon naturelle et logique.
- Commencez toutes les présentations à l'aide des diapositives d'information sur les troubles concomitants et les préjugés (section 2 : Préparer le terrain).
- Nous vous recommandons de terminer votre présentation sur une note positive en mettant l'accent sur les solutions et en ayant recours aux activités n°s 8, 9 et 10.

UN MOT AU SUJET DES MOTS

Le langage peut être un outil ou un obstacle quand vient le temps de confronter les préjugés associés aux problèmes concomitants de toxicomanie et de santé mentale. Les étiquettes que l'on met aux gens peuvent influencer la façon dont nous les traitons et la façon dont ils se perçoivent. Par exemple, les termes comme « junky », « psychopathe » et « ivrogne » perpétuent les mythes et les stéréotypes. Ce langage crée des préjugés, blesse et peut déboucher sur des opinions préconçues et de la discrimination. Même des termes comme « alcoolique », « schizophrène » et « troubles concomitants » laissent entendre que la caractéristique à laquelle ils renvoient est plus importante que les qualités de la personne.

Ceci dit, certaines personnes utilisent les termes « alcoolique » ou « schizophrène » pour se décrire. Il faut respecter la façon dont les gens choisissent de s'identifier, même si la société associe des caractéristiques négatives à certains termes. Nous pouvons encourager les gens à utiliser des termes plus positifs et inclusifs pour se décrire, mais nous devons honorer l'histoire de leur vie et écouter attentivement leurs propos.

Dans le présent document, nous avons tenté d'utiliser un langage qui respecte les caractéristiques uniques du client mais qui nous permet également de l'intégrer à des groupes de personnes ayant un profil semblable. Par exemple, nous utilisons l'expression « personne vivant avec des problèmes concomitants (ou co-occurrents) de toxicomanie et de santé mentale » pour désigner les « troubles concomitants ». Nous espérons que cette expression, bien qu'elle soit longue, amènera l'animateur et les participants à envisager d'abord la personne plutôt que l'étiquette qu'on lui a mise.

PRÉPARER LE TERRAIN

PRÉPARER LE TERRAIN

Vous trouverez ci-après des suggestions pour commencer votre atelier et présenter les termes clés. Nous vous recommandons de réserver 10 minutes au début de chaque atelier pour présenter les neuf transparents inclus dans la présente section afin de « préparer le terrain » pour les activités et la discussion en groupe qui suivront. Ces transparents fourniront à votre auditoire des renseignements de base sur les problèmes concomitants de toxicomanie et de santé mentale et leur donneront un aperçu des préjugés.

POUR COMMENCER

1. Introduction et aperçu de la présentation

Souhaitez la bienvenue aux participants et présentez-vous. Parlez de vos antécédents, de votre expérience et de votre intérêt à l'égard du sujet. Si la taille du groupe le permet, les participants peuvent se présenter et dire pourquoi ils ont décidé d'assister à la présentation.

Projetez le TRANSPARENT N° 1 : Aperçu de la présentation

En donnant un bref aperçu de la présentation, vous indiquerez clairement aux participants que l'atelier mettra l'accent sur les préjugés associés aux troubles concomitants et non sur les troubles concomitants en soi.

> **REMARQUE À L'INTENTION DE L'ANIMATEUR :**
> Vous trouverez dans les annexes un document d'information sur les troubles concomitants et une liste de ressources suggérées que vous pouvez photocopier et remettre aux participants qui souhaitent en apprendre davantage sur les problèmes concomitants de toxicomanie et de santé mentale.

2. Règles de base

Avant de commencer l'activité de mise en train, **présentez le TRANSPARENT N° 2 : Quelques règles de base** ou demandez au groupe d'établir ses propres règles.

3. Mise en train

Vous trouverez dans la section 3 : Activités brise-préjugés deux activités de mise en train qui aideront les participants à réfléchir aux préjugés et aux troubles concomitants (« Les faits, sans plus ! » et « Le saviez-vous . . . ? »). Vous pouvez utiliser l'une ou l'autre de ces activités ou toute autre activité de votre choix.

UN MOT AU SUJET DES TROUBLES CONCOMITANTS

Bien que l'atelier porte surtout sur les préjugés, la courte présentation didactique suivante fera en sorte que tous les participants comprendront les problèmes concomitants de toxicomanie et de santé mentale et leur prévalence.

TRANSPARENT 3

1. **Présentez le TRANSPARENT N° 3 : Que sont les troubles concomitants ?**

TRANSPARENT 4

2. **Présentez le TRANSPARENT N° 4 : Toutefois, 1 + 1 peut égaler 3, 4, 5 . . .**

> **Texte suggéré**
> *Les personnes qui éprouvent des problèmes co-occurrents, ou concomitants, de toxicomanie et de santé mentale sont aux prises avec ce qu'on appelle des troubles concomitants. Toutefois, on ne peut pas dire simplement que 1 + 1 = 2. En fait, dans ce cas, 1+ 1 = 3, 4, 5 . . . Premièrement, la personne peut avoir plus d'un problème de santé mentale (p. ex., schizophrénie et dépression) et consommer plus d'une drogue (p. ex., cocaïne et marijuana).*
>
> *Deuxièmement, les effets d'un problème peuvent intensifier les effets de l'autre problème, ce qui aggrave les symptômes et complique la vie de la personne aux prises avec ces problèmes. De plus, cette situation peut faire en sorte que la personne risque de perdre son logement, son emploi et peut-être son système de soutien social. Elle peut également avoir des problèmes médicaux comme le VIH, le sida, l'hépatite C, le diabète et des troubles respiratoires.*
>
> *Y a-t-il d'autres facteurs en cause ?*

AU-DELÀ DES ÉTIQUETTES Section 2 : Préparer le terrain

3. **Présentez le TRANSPARENT N° 5 : Prévalence des troubles concomitants**   TRANSPARENT 5

> **Texte suggéré**
> *Les troubles concomitants sont courants dans les établissements qui traitent les problèmes de toxicomanie et de santé mentale. Selon diverses études, entre 40 et 60 pour 100 des personnes ayant des problèmes de santé mentale auront aussi un problème de toxicomanie. Ces pourcentages sont semblables pour les personnes qui demandent un traitement en raison d'une toxicomanie.*
>
> *Jusqu'à tout récemment, deux groupes distincts de professionnels traitaient les problèmes de toxicomanie et les problèmes de santé mentale, et ce dans des milieux différents. Les fournisseurs de services liés à la santé mentale disaient : « Vous devez commencer par traiter votre problème de toxicomanie » et les fournisseurs de services liés à la toxicomanie disaient : « Vous devez commencer par traiter vos problèmes de santé mentale ». Les clients passaient d'un fournisseur à un autre et, par conséquent, ne recevaient jamais un traitement adéquat.*
>
> *Les Meilleures pratiques recommandent une démarche mieux intégrée qui permet de s'attaquer aux deux types de problèmes en même temps. Ces travaux sont en cours. On aura recours notamment à la formation des fournisseurs de services, à la consultation des organismes communautaires et des établissements et à la collaboration avec ces derniers pour apporter les changements nécessaires à une meilleure intégration du système.*
>
> **REMARQUE À L'INTENTION DE L'ANIMATEUR :**
> **Vous devez conclure votre brève présentation sur les troubles concomitants avant de mettre l'accent sur les préjugés associés à ces troubles.**
>
> **Texte suggéré**
> *J'ai fait cette brève présentation pour que nous comprenions tous l'expression « troubles concomitants ». Si vous voulez en apprendre davantage sur les problèmes concomitants de toxicomanie et de santé mentale, je pourrai vous remettre, à la fin de l'atelier, un document d'information énumérant des références et des ressources. Nous allons maintenant nous attaquer aux préjugés.*

UN MOT AU SUJET DES PRÉJUGÉS

1. Que sont les préjugés ?

Cette activité est un bon moyen de préparer le terrain en vue de votre présentation sur les préjugés, car elle permet d'amorcer une discussion sur cette question sans intimider les participants.

Texte suggéré
Comme vous entendrez les mots préjugés et discrimination pendant toute la durée de l'atelier aujourd'hui, nous allons faire un court exercice de visualisation pour préparer nos discussions. Mettez-vous à l'aise et fermez les yeux ou regardez le plancher pendant quelques instants.

REMARQUE À L'INTENTION DE L'ANIMATEUR :
En prenant un ton dramatique, lisez le passage suivant à haute voix. Utilisez la couleur de vos cheveux dans l'exemple (p. ex., personnes ayant les cheveux roux, bruns ou foncés).

« Un désastre pourrait survenir d'une minute à l'autre. Un groupe de personnes menace la collectivité. On ignore trop souvent leurs comportements dangereux, jusqu'à ce qu'il soit trop tard. Le public est en colère parce qu'un nombre alarmant de personnes ayant les cheveux **blonds** *blessent ou tuent des personnes innocentes. Presque tous les jours on entend aux nouvelles qu'un meurtre ou une attaque a été perpétré par une personne ayant les cheveux* **blonds***. Un grand nombre de personnes se demandent pourquoi on les laisse vivre librement dans la collectivité. Même si, comme certains le prétendent, ce n'est qu'une petite minorité qui cause des problèmes, il n'est pas toujours possible de savoir quelles personnes ayant les cheveux* **blonds** *sont dangereuses. Nous devons accorder la priorité aux droits de la collectivité et garder les personnes ayant les cheveux* **blonds** *dans des établissements sûrs où elles seront traitées sans cruauté. C'est pour leur bien et pour le nôtre. »*

(Extrait du vidéo de K. Mattison [producteur] et N. Platt [réalisateur]. *Myths about Madness: Challenging Stigma and Changing Attitudes*, Princeton, NJ, Mental Health Media, 1998.)

Après avoir lu ce passage, dites aux participants d'ouvrir les yeux.

> **Texte suggéré (suite)**
> *Supposons que vous avez cette perception stéréotypée des personnes aux cheveux **blonds**. Comment auriez-vous réagi en m'apercevant dans la salle ? (pause ou discussion)*
>
> *Cela peut sembler ridicule, mais nous devons nous poser la question suivante : « Est-il juste de juger un groupe de personnes d'après les gestes posés par quelques-unes d'entre elles seulement ? ». (Pause) C'est souvent de cette façon qu'on présente les personnes ayant des problèmes de toxicomanie et de santé mentale.*
>
> *Avant de poursuivre notre discussion sur les préjugés et la discrimination, examinons la définition officielle de ces termes.*

Présentez le TRANSPARENT N° 6 : Que sont les préjugés ?

Présentez le TRANSPARENT N° 7 : Qu'est-ce que la discrimination ?

TRANSPARENT 7

2. Les multiples niveaux de préjugés

Les préjugés entourant les troubles concomitants ne sont pas aussi simples que 1 + 1 = 2. Pour certaines personnes, le fardeau des préjugés est encore plus lourd, car la société associe également des stéréotypes négatifs à d'autres étiquettes.

Présentez le TRANSPARENT N° 8 : Les multiples niveaux de préjugés

Après avoir lu la liste, vous voudrez peut-être demander aux participants s'ils peuvent suggérer d'autres « niveaux ». Les nombreux niveaux de préjugés peuvent créer des obstacles énormes pour les personnes qui reçoivent des traitements et qui se prévalent des services de soutien.

3. Les effets des préjugés

> **Texte suggéré**
> *Les personnes qui vivent des moments difficiles parce qu'elles sont aux prises avec des problèmes co-occurrents de toxicomanie et de santé mentale ont souvent de la difficulté à demander de l'aide en raison des préjugés et de la discrimination associés aux deux problèmes co-occurrents. Elles craignent qu'on découvre leurs problèmes et qu'on réagisse de façon négative à leur endroit, comme cela a peut-être été le cas pour leur famille et leurs amis. Elles en viennent à déployer de nombreux efforts pour cacher leurs problèmes. Les gens font l'objet d'opinions préconçues et de discrimination en raison des stéréotypes négatifs associés à des étiquettes comme « alcoolique », « toxicomane », « fou », « dément », etc.*
>
> **Posez la question suivante aux participants : « Selon vous, quels sont les effets des préjugés ? »**

Présentez le TRANSPARENT N° 9 : Les effets des préjugés

REMARQUE À L'INTENTION DE L'ANIMATEUR :
Vous trouverez ci-après des points qu'il faut soulever si les participants ne l'ont pas fait.

Logement convenable et abordable
Si un propriétaire apprend qu'un locataire potentiel a des antécédents de toxicomanie ou de problèmes de santé mentale, il est moins susceptible de louer le logement à cette personne en raison des stéréotypes négatifs.

Emploi
L'employeur et les collègues d'une personne ayant des antécédents de toxicomanie et de problèmes de santé mentale seront plus enclins à garder cette personne à l'œil et à chercher les occasions où elle commet une erreur. Il peut être difficile d'expliquer les périodes sans emploi attribuables à des troubles de santé sans révéler les détails de l'état de santé.

Soins médicaux

Il arrive souvent que les personnes ayant des problèmes de toxicomanie et de santé mentale ne sont pas considérées comme des cas urgents dans les salles d'urgence. Il se peut qu'on les fasse attendre pendant des heures. De plus, dans bien des cas, on leur fait sentir que « c'est leur faute ».

En terminant, vous pouvez soulever les points suivants :

Les préjugés ont aussi des effets sur la famille et les amis. La famille peut subir les effets suivants :

- difficultés économiques ;
- isolement social ;
- stress physique et émotionnel ;
- préjugés subis à cause des liens familiaux ;
- perte de temps libre.

> **REMARQUE À L'INTENTION DE L'ANIMATEUR :**
> Vous pouvez maintenant passer aux activités brise-préjugés présentées à la section 3. Ces activités ont pour but de mieux faire connaître cette importante question.

Aperçu de la présentation

Nous nous pencherons sur les questions suivantes :

- les faits et les mythes au sujet des troubles concomitants ;
- la puissance du langage et les blessures que les mots peuvent causer ;
- le fait que les préjugés, les opinions préconçues et la discrimination peuvent faire obstacle au rétablissement des personnes vivant avec des problèmes concomitants de toxicomanie et de santé mentale ;
- les moyens d'intégrer des pratiques anti-préjugés à votre travail ;
- ce que nous pouvons tous faire pour trouver une solution.

Quelques règles de base

- Ne divulguez pas les renseignements concernant la vie personnelle ou la carrière des personnes présentes ni les observations faites au cours de l'atelier.
- Il faut parler un à la fois. Tout le monde aura l'occasion d'apporter sa contribution.
- On encourage les participants à faire part de leurs idées, mais la participation est volontaire.
- On encourage les participants à diverger d'opinion.
- Exprimez-vous à la première personne. C'est plus direct.
- Écoutez de façon active ce que disent les autres participants.
- Ne coupez pas la parole !
- Accueillez de façon positive les différences de religion, d'âge, de sexe, d'orientation sexuelle, de langue et de culture.
- Confrontez avec soin ; remettez en question avec respect.
- L'animateur ne fait qu'animer. Ce n'est pas un « expert » !

Que sont les troubles concomitants ?

On entend par troubles concomitants toute combinaison de troubles de santé mentale et de toxicomanie.

En voici quelques exemples :

- un trouble anxieux et un problème d'alcool ;
- une schizophrénie et une dépendance au cannabis ;
- un trouble de la personnalité limite et une dépendance à l'héroïne ;
- une dépression et une dépendance aux somnifères.

Toutefois,
1 + 1 peut égaler 3, 4, 5 …

Une combinaison de problèmes de toxicomanie et de santé mentale peut créer davantage de problèmes.

Prévalence des troubles concomitants

De 40 à 60 pour 100 des personnes ayant des problèmes de santé mentale auront aussi un problème de toxicomanie au cours de leur vie. Ces pourcentages sont semblables pour les personnes qui souhaitent obtenir de l'aide en raison de leur toxicomanie.

Canada. *Meilleures pratiques : Troubles concomitants de santé mentale et d'alcoolisme et de toxicomanie*, Ottawa, Santé Canada, 2001.

Que sont les préjugés ?

Les préjugés :

- sont une idée complexe mettant en cause des attitudes, des sentiments et des comportements ;

- renvoient à l'étiquette négative que l'on met aux personnes qui ont des particularités, des traits de caractère ou un trouble qui les distinguent des gens « normaux » ; sont des « différences » considérées comme indésirables et honteuses et qui peuvent mener à des attitudes ou des réactions négatives (opinions préconçues et discrimination) à l'endroit d'une personne.

Adapté de O'Grady, C. *Stigma as experienced by family members of people with severe mental illness: The impact of participation in self-help/mutual aid support groups*, dissertation de doctorat non publiée, Université de Toronto, Ontario, 2004.

Qu'est-ce que la discrimination ?

La discrimination est un acte préjudiciable, comme refuser un emploi, un logement, des mesures d'adaptation ou d'autres services à une personne en raison de sa race, de sa couleur, de sa citoyenneté, de sa culture, de son origine ethnique, de son état matrimonial ou familial, de son orientation sexuelle, d'un handicap, de son âge, de son sexe, de sa situation économique, etc. La discrimination peut être voilée ou systémique, intentionnelle ou involontaire. Tout acte de discrimination constitue une violation des droits de la personne et peut faire l'objet d'une poursuite en vertu du Code ontarien des droits de la personne.

Les multiples niveaux de préjugés

Les personnes qui subissent des préjugés en raison de leurs problèmes co-occurrents de toxicomanie et de santé mentale peuvent faire l'objet d'opinions préconçues et de discrimination en raison :

- de leur origine ethnique ;
- de leur race ;
- de leur religion ;
- de leur orientation sexuelle ;
- d'un handicap visible ou invisible ;
- de leur sexe ;
- de leur situation économique ;
- de leur âge.

Les effets des préjugés

- opinion préconçue et discrimination (dans les domaines des soins médicaux, du logement, de l'emploi) ;
- sentiments négatifs envers soi (auto-préjugés) ; par exemple, croire les stéréotypes négatifs générés par la société et les médias ;
- tendance à éviter de demander de l'aide et à cacher les symptômes ou la toxicomanie ;
- isolement social ou restriction du réseau de soutien social ;
- pauvreté ;
- dépression ;
- impression que le rétablissement est impossible ;
- suicide.

Adapté de Pompili, M., I. Mancinelli et R. Tatarelli. *Stigma as a cause of suicide*, British Journal of Psychiatry, 2003, 183(2), p. 173-174.

Adapté de Kittel Canale, M. *Stigma of Addiction: Final Report*, Toronto, CAMH, 2001.

ACTIVITÉS BRISE-PRÉJUGÉS

SECTION 3

ACTIVITÉS BRISE-PRÉJUGÉS

Nous avons inclus dans la présente section 10 activités faciles qui permettront aux participants de se renseigner sur : 1) les effets des préjugés sur les personnes ayant des problèmes co-occurrents de toxicomanie et de santé mentale ; 2) le fait que les préjugés peuvent déboucher sur des opinions préconçues et la discrimination. Vous trouverez également dans la section des stratégies que nous pouvons utiliser pour trouver des solutions ensemble.

PROGRAMME D'ACTIVITÉS BRISE-PRÉJUGÉS

Mise en train
Activité nº 1   « Les faits, sans plus ! »
Activité nº 2   « Le saviez-vous . . . ? »

La puissance du langage
Activité nº 3   « Repenser la normalité »
Activité nº 4   « Les mots peuvent faire mal »

Une question personnelle
Activité nº 5   « Qui est étiqueté ? »
Activité nº 6   « Mettez-vous dans cette situation »
Activité nº 7   « Instinctivement, qu'en pensez-vous ? »

Une démarche axée sur des solutions
Activité nº 8   « Nous avons tous un rôle à jouer »
Activité nº 9   « Il y a toujours une autre histoire »

Récapitulation
Activité nº 10   « Activité de clôture : Terminer sur une
                  note positive »

ACTIVITÉ 1
LES FAITS, SANS PLUS !

Cet exercice est un bon moyen de commencer la présentation.

Un grand nombre de participants seront surpris de ce qu'ils apprendront. Les préjugés reposent surtout sur l'ignorance et la peur. Les gens sont influencés par ce qu'ils voient et entendent dans les médias et par ce que d'autres personnes leur disent. Les termes comme « alcoolique », « toxicomane », « psychopathe » et « dément » sont associés à des stéréotypes négatifs, qui reposent sur des mythes et non des faits.

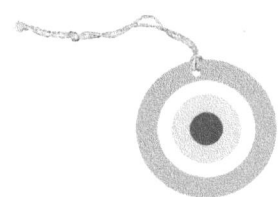

OBJECTIFS D'APPRENTISSAGE

- détruire les mythes concernant la toxicomanie, la santé mentale et les problèmes concomitants ;
- mieux faire connaître l'incidence des mythes et la façon dont ils perpétuent les préjugés, les opinions préconçues et la discrimination.

ACTIVITÉ D'APPRENTISSAGE

MATÉRIEL
- ☐ fiches d'information 1 à 7
- ☐ ruban masque
- ☐ tableau de papier et marqueurs

DURÉE
- ☐ de 15 à 20 minutes

1. Avant la présentation, placez les fiches d'information sur les murs de la salle en laissant assez d'espace entre chacune pour que plusieurs personnes à la fois puissent les lire.
   Remarque : Nous vous avons fourni des fiches vierges où vous pourrez inscrire d'autres mythes et faits.

2. Demandez aux participants de lire chaque fiche d'information puis de se placer devant celle qui les a surpris le plus (ou celle qui, selon eux, serait la plus étonnante pour d'autres personnes).

3. Demandez aux participants qui ont choisi le *même* fait :
   - de se présenter les uns aux autres ;
   - de discuter des raisons pour lesquelles ils ont choisi ce fait (ou des raisons pour lesquelles d'autres personnes pourraient être surprises par l'information fournie) ;
   - de nommer une personne qui résumera les observations du petit groupe.

4. Demandez à toutes les personnes présentes de se présenter à tour de rôle. Dites au porte-parole de chaque petit groupe de lire le fait sur lequel le groupe a travaillé et de résumer les discussions.

5. Demandez aux membres du groupe s'ils veulent soulever un point qui a été passé sous silence.

MESSAGES CLÉS

- Les faits concernant les troubles concomitants aideront à détruire les mythes.
- Les mythes entourant les problèmes de toxicomanie et de santé mentale renforcent les préjugés, ce qui débouche sur des opinions préconçues et de la discrimination.

REMERCIEMENTS

« Les faits, sans plus ! » a été adapté d'une activité créée par l'équipe de perfectionnement du personnel, Service d'éducation et de publication, Centre de toxicomanie et de santé mentale.

MYTHE

Les personnes ayant des problèmes concomitants de toxicomanie et de santé mentale sont moins susceptibles de se faire soigner que les personnes ayant un seul problème.

FAIT

Les personnes ayant des troubles concomitants sont plus susceptibles de chercher activement à se faire soigner que les personnes ayant un seul problème[1]. En outre, elles sont plus susceptibles de subir des préjugés et d'être exclues en ce qui concerne la prestation des services[2].

1. Santé Canada (2001)
2. Rassool (2002)

SECTION 3
ACTIVITÉS BRISE-PRÉJUGÉS

ACTIVITÉ 1
LES FAITS, SANS PLUS !

MYTHE

Les traitements de la toxicomanie (ou des troubles de santé mentale) peuvent être bénéfiques pour les personnes ayant des problèmes co-occurrents de toxicomanie et de santé mentale si elles n'ont pas accès à des services intégrés.

FAIT

Il est crucial de travailler avec les clients et d'obtenir leur concours, quel que soit le point d'entrée, mais « si un des problèmes co-occurrents n'est pas traité, il est probable que les deux problèmes s'aggraveront et qu'il y aura d'autres complications »

Substance Abuse and Mental Health Services Administration (2002)

FICHE D'INFORMATION

2

MYTHE

La plupart des personnes vivant avec des problèmes concomitants de toxicomanie et de santé mentale sont sans abri.

FAIT

On estime que de 40 à 60 pour 100 des personnes sans abri ont des troubles concomitants. Toutefois, ces troubles peuvent se manifester dans toutes les classes sociales et économiques.

SECTION 3
ACTIVITÉS BRISE-PRÉJUGÉS

ACTIVITÉ 1
LES FAITS, SANS PLUS !

MYTHE

La plupart des personnes ayant des problèmes co-occurrents de toxicomanie et de santé mentale ont de la difficulté à s'intégrer au reste de la société.

FAIT

Les préjugés associés aux problèmes co-occurrents de toxicomanie et de santé mentale font en sorte qu'il est difficile pour les personnes aux prises avec ces problèmes de s'ouvrir à leurs amis, leur famille et leurs collègues. À cause de cela, un grand nombre de personnes croient, à tort, que toutes les personnes ayant des problèmes co-occurrents sont sans abri ou vivent dans la pauvreté.

FICHE D'INFORMATION

4

MYTHE

La plupart des personnes ayant des problèmes de santé mentale n'ont pas de problème de toxicomanie.

FAIT

De 40 à 60 pour 100 des personnes ayant un problème de santé mentale auront un problème de toxicomanie au cours de leur vie.

Santé Canada (2001)

MYTHE

Le traitement avant tout :
Il faut stabiliser l'état de santé des personnes sans abri qui vivent avec des problèmes concomitants de toxicomanie et de santé mentale avant de pouvoir leur trouver un logement.

FAIT

Le logement avant tout :
Des études ont démontré que les personnes sans abri qui vivent avec des problèmes de toxicomanie et de santé mentale sont plus susceptibles de s'attaquer à leurs problèmes et de devenir plus stables si elles ont un logement convenable et abordable.

Remarque : Pour avoir accès à un logement avec services de soutien, il n'est pas nécessaire que les clients ne présentent plus de symptômes de maladie mentale. Toutefois, dans bien des cas, ils ne doivent plus présenter de symptômes de leur problème de toxicomanie.

MYTHE

Les personnes ayant une maladie mentale grave ont tendance à devenir violentes.

FAIT

En 2001, des chercheurs ont déterminé qu'environ 3 pour 100 des infractions avec violence pouvaient être attribuées à une maladie mentale et 7 pour 100 à des problèmes de toxicomanie. En théorie, on pourrait empêcher seulement un crime sur dix si ces troubles n'existaient pas.

Arboleda-Flórez et Stuart (2001)

SECTION 3
ACTIVITÉS BRISE-PRÉJUGÉS

ACTIVITÉ 1
LES FAITS, SANS PLUS !

FICHE D'INFORMATION

SECTION 3
ACTIVITÉS BRISE-PRÉJUGÉS

ACTIVITÉ 1
LES FAITS, SANS PLUS !

FICHE D'INFORMATION

ACTIVITÉ 2
LE SAVIEZ-VOUS...?

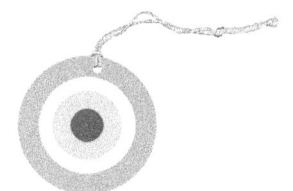

OBJECTIFS D'APPRENTISSAGE

- prendre connaissance de faits importants sur la santé mentale, la toxicomanie et les problèmes co-occurrents ;
- relever des idées erronées et des stéréotypes qui renforcent les préjugés.

ACTIVITÉ D'APPRENTISSAGE

MATÉRIEL
- [ ] crayons
- [ ] documents à distribuer n° 1 et n° 2 « Le saviez-vous ? »

DURÉE
- [ ] de 10 à 15 minutes

1. Remettez aux participants le questionnaire « Vrai ou faux ? » et demandez-leur d'inscrire « vrai » ou « faux » à côté de chaque énoncé. Dites-leur que personne ne verra leurs réponses.

2. Donnez les réponses indiquées sur la feuille de réponses.

3. Posez la question suivante aux participants : « Est-ce que certaines de ces réponses vous ont surpris ? Pourquoi ? » (Discussion)

4. Posez la question suivante aux participants : « Comment les idées erronées peuvent-elles amener les gens à avoir des préjugés ? » (Discussion)

5. Remettez une copie du document à distribuer n° 2 (les bonnes réponses) aux participants.

MESSAGES CLÉS

- Il est important de connaître les faits au sujet de la santé mentale, de la toxicomanie et des troubles concomitants.
- Les mythes et les fausses idées peuvent déboucher sur des préjugés qui, en retour, peuvent créer des obstacles pour les personnes qui cherchent à se faire soigner ou à accéder aux services de soutien.

ACTIVITÉS
BRISE-PRÉJUGÉS

ACTIVITÉ 2
LE SAVIEZ-VOUS...?

DOCUMENT
À DISTRIBUER

Vrai ou faux ?

	VRAI	FAUX
1. La plupart des personnes ayant des problèmes concomitants de toxicomanie et de santé mentale doivent atteindre « le creux de la vague » avant d'espérer se remettre.	☐	☐
2. Si on adopte une démarche intégrée pour le traitement des personnes ayant des troubles concomitants, le problème de santé mentale et le problème de toxicomanie seront toujours traités en même temps.	☐	☐
3. Les personnes vivant avec des problèmes concomitants de toxicomanie et de santé mentale sont moins susceptibles de se faire soigner que les personnes vivant avec un seul de ces problèmes.	☐	☐
4. Les préjugés empêchent les personnes ayant un trouble de santé mentale ou de toxicomanie de se faire soigner.	☐	☐
5. Les personnes vivant avec la schizophrénie estiment que leurs hallucinations et leur délire ont le plus d'impact sur leur vie.	☐	☐
6. On ne peut venir en aide aux personnes ayant des problèmes concomitants de toxicomanie et de santé mentale tant qu'elles ne font pas preuve d'abstinence.	☐	☐
7. On ne se remet pas entièrement des problèmes de toxicomanie et de santé mentale. On apprend à vivre avec ces problèmes.	☐	☐
8. Certains professionnels du traitement de la toxicomanie et des troubles de santé mentale ont des préjugés à l'endroit de leurs clients.	☐	☐
9. Les préjugés associés aux troubles concomitants peuvent créer autant de problèmes que les symptômes de ces troubles.	☐	☐
10. Chaque année, au Canada, le suicide est la cause d'un plus grand nombre de décès que les accidents de la circulation.	☐	☐

Réponses « Vrai ou faux ? »

1. **Faux.** Les problèmes de toxicomanie et de santé mentale peuvent être traités à tout moment. Si on attend que ces problèmes affectent tous les aspects de la vie du client avant de les traiter, on exposera ce dernier à des risques plus grands.
2. **Faux.** Dans certains cas, on recommande de traiter simultanément les problèmes co-occurrents (p. ex., un trouble de l'alimentation et une toxicomanie). Dans d'autres cas, on recommande de traiter un problème à la fois. Par exemple, lorsqu'on traite une personne ayant un trouble de l'humeur et une toxicomanie, il est préférable de traiter d'abord la toxicomanie (Santé Canada, 2001).
3. **Faux.** Les personnes vivant avec des troubles concomitants sont plus susceptibles de se faire soigner que les personnes vivant avec un seul trouble.
4. **Vrai.** Selon une étude israélienne effectuée en 1996 par Ben Noun, 80 pour 100 des patients à qui leur médecin a recommandé de consulter un psychiatre n'ont pas suivi cette recommandation en raison des préjugés associés aux soins psychiatriques (BC Partners for Mental Health and Addictions Information, 2005).
5. **Faux.** Selon une étude réalisée en 2001 par la Société canadienne de la schizophrénie, les personnes vivant avec la schizophrénie ont déclaré que le retrait social avait eu une incidence considérable sur leur vie et que les hallucinations et le délire avaient eu le moins d'impact sur leur vie, en raison des progrès réalisés en matière de traitement (BC Partners for Mental Health and Addictions Information, 2005).
6. **Faux.** Bien que l'abstinence totale soit recommandée pour un grand nombre de personnes ayant des problèmes concomitants de toxicomanie et de santé mentale, les stratégies de *réduction des méfaits*, qui prévoient une consommation réduite, sont un objectif plus réaliste pour certains.
7. **Faux.** Le rétablissement est un objectif réaliste pour les personnes vivant avec des problèmes de toxicomanie ou de santé mentale ou avec ces deux problèmes. Une intervention précoce, les nouveaux médicaments et les nouvelles psychothérapies accroissent les chances de rémission ou de rétablissement.
8. **Vrai.** Les personnes travaillant dans le domaine de la toxicomanie et de la santé mentale ont plusieurs attitudes et croyances en commun avec le reste de la société. De plus, il est possible qu'elles en viennent à adopter des attitudes négatives envers les clients ayant des problèmes de toxicomanie et de santé mentale :
    - en raison de perception erronées ;
    - en raison de la complexité des problèmes qu'éprouvent les personnes ayant des troubles concomitants de toxicomanie et de santé mentale ;
    - parce qu'elles ne se sentent pas compétentes ou parce qu'elles éprouvent de la frustration et de la déception (Ritson, 1999).
9. **Vrai.** Les préjugés supplémentaires profondément ancrés dont on fait l'objet lorsqu'on vit avec deux troubles sont le thème principal qui est ressorti des séances de discussion menées auprès de personnes ayant des troubles concomitants (Santé Canada, 2001).
10. **Vrai.** Le suicide fait davantage de victimes que les accidents de la circulation mettant en cause des conducteurs ou des piétons. En 1999, Statistique Canada a signalé qu'il y avait eu 4 073 suicides, comparativement à 2 969 décès sur les routes la même année (Conseil canadien de la sécurité, 2004). Des études ont révélé que jusqu'à 90 pour 100 des personnes qui se sont suicidées étaient déprimées, avaient un problème de toxicomanie ou un autre trouble pouvant être diagnostiqué (BC Partners for Mental Health and Addictions Information, 2003).

ACTIVITÉ 3
REPENSER LA NORMALITÉ

OBJECTIFS D'APPRENTISSAGE

- repérer les stéréotypes négatifs associés aux étiquettes « toxicomanie » et « maladie mentale » ;
- étudier l'incidence des stéréotypes sur les personnes ayant des problèmes concomitants de toxicomanie et de santé mentale ;
- être conscient du fait qu'il est possible de mettre plusieurs étiquettes qui causent des préjugés, des opinions préconçues et de la discrimination ;
- étudier la façon dont des termes subjectifs comme « normal » et « anormal » perpétuent les préjugés.

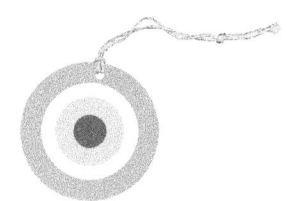

ACTIVITÉ D'APPRENTISSAGE

MATÉRIEL
- ☐ tableau de papier et papier ligné
- ☐ marqueurs et stylos
- ☐ ruban masque

DURÉE
- ☐ de 15 à 20 minutes

1. Demandez aux participants de former des groupes de deux, trois ou quatre personnes. Remettez du papier et un stylo à chaque petit groupe.

2. Divisez chaque petit groupe en deux équipes : une équipe portera l'étiquette « toxicomanie » et l'autre, l'étiquette « maladie mentale ».

3. Demandez aux équipes qui portent l'étiquette « toxicomanie » de dresser une liste de tous les stéréotypes négatifs (mots ou phrases) que la société associe à cette étiquette (p. ex., dans les médias, etc.). Demandez aux autres équipes de faire de même pour l'étiquette « maladie mentale ».

4. Demandez aux participants comment ils se sont sentis pendant l'exercice. Il importe de reconnaître qu'il peut être pénible et difficile de voir et d'entendre ces mots. Rappelez aux participants que, à la fin de la présentation, ils auront appris des stratégies visant à éliminer les mots qui créent des préjugés.

5. Demandez à un représentant de chaque équipe qui portait l'étiquette « toxicomanie » de donner trois mots ou phrases que son groupe a trouvés et inscrivez-les sur le tableau de papier. Lorsque tous les représentants de ces équipes vous ont fourni leurs réponses, demandez aux participants s'ils ont d'autres termes à ajouter à la liste. Procédez de la même façon avec les équipes qui portaient l'étiquette « maladie mentale ». Mélangez les termes fournis pour la « toxicomanie » et la « maladie mentale » sur le tableau de papier.

6. Pendant que les participants prennent connaissance de la liste, utilisez le texte suivant pour orienter la discussion :

Texte suggéré

Pouvez-vous vous imaginer quitter la maison tous les jours sachant que les gens vous perçoivent de cette façon ? (Pause)

Selon vous, quels sont les défis et les obstacles auxquels les personnes ayant des problèmes concomitants de toxicomanie et de santé mentale font face en raison de ces stéréotypes négatifs ? (Discussion)

En outre, la société véhicule des stéréotypes négatifs liés à la race, au sexe, à l'orientation sexuelle, aux handicaps, au statut d'immigrant, à l'obésité, etc.

Songez aux défis et obstacles supplémentaires auxquels font face les personnes ayant des problèmes concomitants de toxicomanie et de santé mentale qui font l'objet de préjugés et de discrimination pour ces autres raisons. Ces étiquettes et stéréotypes indiquent qu'une personne est en quelque sorte « anormale ». Pourtant, quand on pense à tous les niveaux de préjugés que la société a créés grâce aux stéréotypes négatifs, on se demande qui peut être considéré comme « normal ».

> **Demandez aux participants ce qu'ils pensent du concept de la normalité. Posez-leur les questions suivantes :**
>
> *1. Qui décide de ce qui est « normal » et de ce qui ne l'est pas ?*
>
> *2. Qu'est-ce que ça veut dire être « anormal » ? Cela veut-il dire être dans la moyenne, au-dessus de la moyenne ou en dessous ?*
>
> **En conclusion**
> *Ce qui est « normal » peut varier d'une famille à une autre, d'un quartier à un autre et d'une personne à une autre. Le terme « normal » est tout à fait subjectif. Il a le pouvoir d'exclure des personnes, ce qui entraîne des préjugés et de la discrimination.*

MESSAGES CLÉS

- Préjugés = discrimination.
- Les personnes vivant avec des problèmes concomitants de toxicomanie et de santé mentale subissent des préjugés de deux façons.
- D'autres facteurs peuvent créer plusieurs niveaux de préjugés, d'opinions préconçues et de discrimination pour les personnes vivant avec des problèmes concomitants de toxicomanie et de santé mentale.
- Les termes « normal » et « anormal » sont subjectifs. Ils excluent des personnes et perpétuent les préjugés.

ACTIVITÉ 4
LES MOTS PEUVENT FAIRE MAL

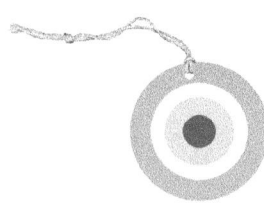

OBJECTIFS D'APPRENTISSAGE

- comprendre le pouvoir du langage et la façon dont il peut perpétuer les préjugés ;
- prendre conscience des effets négatifs que l'on cause lorsqu'on étiquette les gens en fonction de leurs problèmes de toxicomanie ou de santé mentale.

ACTIVITÉ D'APPRENTISSAGE

MATÉRIEL
- ☐ transparent n° 10 intitulé « Les limites de mon langage »
- ☐ carte d'activité n° 1
- ☐ rétroprojecteur ou projecteur à cristaux liquides
- ☐ tableau de papier et marqueurs
- ☐ ruban masque

DURÉE
- ☐ de 15 à 20 minutes

TRANSPARENT 10

1. **Présentez le TRANSPARENT N° 10 intitulé « Les limites de mon langage ».**

   Texte suggéré
   Cette citation illustre le pouvoir du langage de discriminer et d'exclure. Les étiquettes comme « alcoolique », « toxicomane », « malade mental » et « dément » renforcent les préjugés en raison des stéréotypes négatifs que la société y associe. Lorsqu'on utilise ces étiquettes, on exclut les personnes visées, on fait preuve de discrimination à leur endroit et on réduit leur capacité de vivre, de travailler et de se rétablir dans la collectivité.

2. Remettez une carte d'activité à chaque participant (ou petit groupe).

3. Demandez à chaque participant (ou représentant du petit groupe) de lire l'étiquette à haute voix et de mentionner des stéréotypes négatifs associés à cette étiquette.

4. Demandez au grand groupe quelle limite ou quel obstacle pourrait découler de cette étiquette.

   REMARQUE À L'INTENTION DE L'ANIMATEUR :
   Pour mieux illustrer les effets des étiquettes, vous pouvez inscrire l'étiquette et les réponses fournies sur le tableau de papier puis coller la feuille de papier sur le mur pour en faire une représentation visuelle.

5. Posez la question suivante : « Imaginez-vous que vous devez porter plusieurs de ces étiquettes en même temps ». (Discussion)

   REMARQUE À L'INTENTION DE L'ANIMATEUR :
   Pour illustrer les multiples niveaux de préjugés, vous pouvez recueillir les cartes et choisir une étiquette liée à la toxicomanie, une étiquette liée à la maladie mentale et une troisième (ou une quatrième) étiquette. Demandez aux participants de discuter des défis et obstacles supplémentaires auxquels ferait face, dans son quotidien, une personne à qui on aurait mis toutes ces étiquettes.

6. Demandez aux participants de suggérer des mots ou des phrases pour remplacer des étiquettes.

7. En terminant, dites aux participants que les autres « limites du langage » peuvent comprendre le faible niveau d'alphabétisation, le fait que l'anglais ou le français n'est pas la langue maternelle et l'utilisation de jargon.

MESSAGES CLÉS

- Les étiquettes qui créent des préjugés créent également des obstacles et débouchent sur des opinions préconçues et de la discrimination.
- Le langage peut faire du mal sur le plan affectif et psychologique.
- Les préjugés associés aux problèmes concomitants de toxicomanie et de santé mentale peuvent empêcher certaines personnes de demander de l'aide.

« Les limites de mon langage...
sont les limites de mon monde. »

—Ludwig Wittgenstein (1963)

SECTION 3
ACTIVITÉS BRISE-PRÉJUGÉS

ACTIVITÉ 4
LES MOTS PEUVENT
FAIRE MAL

CARTE D'ACTIVITÉ 1

Toxicomane	Alcoolique
Junky	Schizophrène
Dément	Handicapé
Personne âgée	Mère célibataire
Immigrant	Homosexuel
Sans-abri	Psychopathe

ACTIVITÉ 5
QUI EST ÉTIQUETÉ ?

Dans bien des cas, les personnes vivant avec un problème de toxicomanie ou de santé mentale ou ces deux problèmes éprouvent de la honte et de la gêne et ont peur d'être jugées. Elles éprouvent ces sentiments parce qu'elles subissent les préjugés découlant des stéréotypes négatifs de la société et des étiquettes comme « alcoolique », « toxicomane », « psychopathe » et « malade mental ». Par exemple, les termes « tête à crack » et « psychopathe » évoquent souvent des images de violence. Cette stigmatisation peut causer des préjugés et de la discrimination et créer des obstacles pour les personnes qui veulent obtenir de l'aide.

Les personnes qui vivent avec un problème de toxicomanie ou de santé mentale ou ces deux problèmes veulent que la société sache qu'elles transcendent l'étiquette qu'on leur a mise. « Je suis un être humain. Ces problèmes ne sont que certains de mes défauts. Nous avons tous des défauts » (Kittel Canale, 2001).

Pendant l'activité, les participants prendront connaissance de la contribution inestimable que des personnes célèbres qui ont vécu ou qui vivent avec un problème de toxicomanie ou de santé mentale ou ces deux problèmes ont apportée à la société.

OBJECTIFS D'APPRENTISSAGE

- reconnaître que nul n'est à l'abri des problèmes de toxicomanie ou de santé mentale et que ces derniers peuvent survenir à tout moment ;
- prendre conscience du fait que les personnes vivant avec des problèmes de toxicomanie et de santé mentale peuvent se rétablir, qu'un grand nombre d'entre elles le font et qu'elles continuent à apporter une contribution importante à la société.

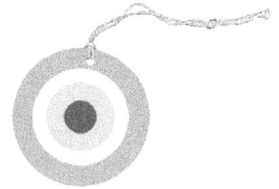

Section 3 : Activités brise-préjugés

ACTIVITÉ D'APPRENTISSAGE

MATÉRIEL
- ☐ transparent n° 11 sur les personnes célèbres vivant avec un problème de toxicomanie ou de santé mentale
- ☐ document n° 3 : « Qui est étiqueté ? »
- ☐ rétroprojecteur ou projecteur à cristaux liquides
- ☐ tableau de papier et marqueurs
- ☐ ruban masque

DURÉE
- ☐ de 10 à 15 minutes

1. **Présentez le TRANSPARENT N° 11 : « Personnes célèbres... »** et dites aux participants d'en prendre connaissance. Vous pouvez également leur remettre cette liste.

   Demandez aux participants de dire au reste du groupe qui ils reconnaissent sur cette liste et la contribution que cette personne a apportée à la société. Vous pouvez inscrire les réponses sur le tableau de papier et afficher la feuille dans la pièce.

2. Demandez au groupe de déterminer certains des obstacles que ces personnes ont peut-être dû surmonter à cause des préjugés. (Discussion)

3. À la fin de l'exercice, remettez aux participants la liste des personnes célèbres et de leurs réalisations afin qu'ils puissent transmettre cette information à d'autres personnes.

   REMARQUE À L'INTENTION DE L'ANIMATEUR :
   Faites remarquer aux participants que, bien que vous leur ayez fourni des exemples de personnes célèbres qui ont vécu avec des problèmes de toxicomanie ou de santé mentale ou ces deux problèmes, la plupart des personnes qui doivent relever ces défis ne sont pas connues du public. Ce sont des mères, des pères, des filles ou des fils.

MESSAGES CLÉS

- Les personnes vivant avec des problèmes de toxicomanie ou de santé mentale ou ces deux problèmes peuvent apporter plusieurs contributions importantes à la société.
- On peut se remettre de problèmes co-occurrents de toxicomanie et de santé mentale.
- En tant que société, nous devons apprendre à voir au-delà des étiquettes et à apprécier les forces, les talents et la sagesse des gens.

Au-delà des étiquettes

Personnes célèbres qui vivent ou qui ont vécu avec des problèmes de toxicomanie et/ou de santé mentale

- LUDWIG VAN BEETHOVEN
- JOHN NASH
- Ted Turner
- PATTY DUKE ASTIN
- EMILY CARR
- ROBERT DOWNEY, JR.
- HOWARD HUGHES
- Oprah Winfrey
- VINCENT VAN GOGH
- JUDY GARLAND
- NICOLAS CAGE
- WINSTON CHURCHILL
- Elizabeth Manley
- ERNEST HEMINGWAY
- MATHEW PERRY

« Qui est étiqueté ? »

Personnes qui ont vécu avec des problèmes de toxicomanie et/ou de santé mentale

PROBLÈMES DE SANTÉ MENTALE
Dépression
Buzz Aldrin (astronaute)
Ron Ellis (joueur de hockey de la LNH)
Abraham Lincoln (président des États-Unis)
Elizabeth Manley (patineuse de patinage artistique de calibre olympique)
Tennessee Williams (écrivain)
Virginia Woolf (écrivaine)

Trouble bipolaire
Patty Duke Astin (comédienne)
Winston Churchill (ancien premier ministre britannique)
Ted Turner (fondateur de CNN)
Ludwig van Beethoven (compositeur)
Vincent van Gogh (peintre néo-impressionniste néerlandais)

Trouble anxieux
Rosanne Barr (comédienne/comique)
Nicolas Cage (comédien)
Shayne Corson (joueur de hockey de la LNH)
Aretha Franklin (chanteuse)
Howard Hughes (important homme d'affaires)
Ricky Williams (joueur de football de la LNF)
Oprah Winfrey (comédienne/animatrice d'infovariétés)

Schizophrénie
Emily Carr (artiste)
John Nash (scientifique – présenté dans le film *A Beautiful Mind*)

Trouble de l'alimentation
Karen Carpenter (chanteuse)
Mary-Kate Olsen (comédienne)

PROBLÈMES DE TOXICOMANIE
Drew Barrymore (comédienne et réalisatrice)
Robert Downey Jr. (comédien)
Judy Garland (comédienne et chanteuse)
Jack Kerouac (écrivain de la génération des beatniks)
Sir Elton John (musicien)
Edgar Allan Poe (écrivain)
Cole Porter (compositeur de musique pour Broadway)
Leo Tolstoy (auteur de *Guerre et paix*)
Mathew Perry (comédien de la série *Friends*)
Jann Arden (chanteuse)
Ernest Hemingway (écrivain)

Remarque : Compte tenu de la prévalence des troubles concomitants, il est probable que de 40 à 60 pour 100 de ces personnes célèbres ont vécu ou vivent avec des problèmes co-occurrents de toxicomanie et de santé mentale.

Par exemple, Drew Barrymore, comédienne et réalisatrice, parle de son problème de toxicomanie et de sa dépression dans le livre intitulé *Beyond Crazy* de Scott Simmie et Julia Nunes (2002). De plus, des documents historiques révèlent que Winston Churchill et Judy Garland vivaient avec des problèmes concomitants de toxicomanie et de santé mentale.

ACTIVITÉ 6
METTEZ-VOUS DANS CETTE SITUATION

OBJECTIF D'APPRENTISSAGE

- comprendre les effets des préjugés sur la qualité de vie des personnes vivant avec des problèmes concomitants de toxicomanie et de santé mentale.

ACTIVITÉ D'APPRENTISSAGE

MATÉRIEL
☐ aucun

DURÉE
☐ de 10 à 15 minutes

Avant de commencer cette activité, encouragez les participants à se mettre à l'aise et à fermer les yeux ou à regarder le plancher.

Exercice de visualisation n° 1

1. Dites au groupe d'imaginer le scénario suivant :

   « Que se passerait-il si nous décidions tous d'emménager dans la même maison ? Les hommes partageraient des chambres et les femmes feraient de même. Il y aurait une seule cuisine et un seul salon. Comme le nombre de chambres serait limité, il serait possible que jusqu'à quatre personnes partagent une chambre. »

2. Laissez aux participants quelques instants pour réfléchir au scénario puis soulignez les points suivants :
   - Un grand nombre de personnes qui ont séjourné dans un hôpital, une prison ou un centre de traitement vivront dans un milieu comme celui décrit précédemment.
   - Un grand nombre de personnes vivant dans une pension ou un centre de rétablissement ont des antécédents de violence, ont tenté de se suicider ou ont été en contact avec le système de justice pénale et vivront dans la pauvreté puisque l'aide sociale est leur seule source de revenu.

3. Posez la question suivante aux participants :

> « Selon vous, quels sont les défis que doivent relever les personnes qui essaient de se rétablir après avoir séjourné dans un hôpital, une prison ou un centre de traitement dans ces circonstances ? » (Discussion)

Texte suggéré
Les préjugés peuvent empêcher les gens de mettre fin à ce cycle. L'attitude de la société à l'égard des personnes ayant des problèmes co-occurrents de toxicomanie et de santé mentale peut avoir une incidence sur leur capacité d'obtenir un logement adéquat et un emploi valorisant. Les préjugés peuvent également contribuer à la rechute et renforcer les croyances selon lesquelles il est impossible de se remettre de ces problèmes.

Exercice de visualisation n° 2

1. Lisez le texte suivant au groupe :

> « Vos amis (que ce soit des amis intimes, des connaissances, des collègues, des coéquipiers, etc.), les membres de votre famille (enfants, partenaire, père et mère, cousins), vos voisins, bref toutes les personnes avec lesquelles vous avez noué des liens constituent votre réseau social. En période de stress ou de transition, on peut faire appel à l'une ou l'autre de ces personnes. » (Pause)
> Certaines personnes qui vivent depuis longtemps avec des problèmes concomitants de toxicomanie et de santé mentale perdent une partie, voire la totalité, de leur réseau de soutien social. Pour certaines, leur réseau social est constitué surtout de professionnels rémunérés comme un médecin, une infirmière, un gestionnaire de cas ou un thérapeute.

2. Posez la question suivante aux participants :

> « Quels sont les défis que doivent relever les personnes ayant des problèmes co-occurrents chroniques pour constituer un nouveau réseau social ? »

Remarque : Voici quelques points que vous pouvez soulever si les participants ne le font pas pendant la discussion.

- Les préjugés associés aux troubles concomitants peuvent empêcher les gens de nouer des liens d'amitié.
- Certains des symptômes des problèmes concomitants de toxicomanie et de santé mentale peuvent affecter les aptitudes sociales d'une personne, de sorte qu'il lui est plus difficile d'interagir avec autrui.
- Ces troubles peuvent aussi avoir une incidence sur l'apparence (p. ex., gain de poids, tremblements causés par les médicaments, hygiène personnelle), qui peut ne pas être considérée comme « acceptable » par la société.
- Les mythes associés aux troubles concomitants sont un autre obstacle, par exemple « ces gens sont violents » ou « il est impossible de se remettre de ces troubles ».
- Cette marginalisation contribue à la solitude et à l'isolement et renforce le sentiment d'être coupé de la société.

MESSAGES CLÉS

- Les préjugés associés aux troubles concomitants ont des effets négatifs sur la qualité de vie. Ils peuvent contribuer à la rechute et nuire au rétablissement.
- Les préjugés associés aux problèmes concomitants de toxicomanie et de santé mentale nuisent à l'accès à un logement convenable et abordable, à un emploi et aux réseaux sociaux et peuvent avoir des effets sur la dignité personnelle.

Les exercices de visualisation nos 1 et 2 ont été élaborés par Steven Hughes, Développement organisationnel et services en français, Centre de toxicomanie et de santé mentale.

ACTIVITÉ 7
INSTINCTIVEMENT, QU'EN PENSEZ-VOUS ?

Cet exercice permet aux participants de réfléchir à leurs attitudes et leurs croyances.

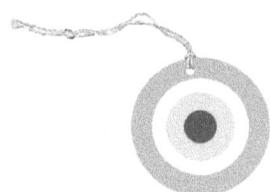

OBJECTIFS D'APPRENTISSAGE

- faire le point sur nos attitudes et croyances à l'égard des personnes vivant avec des problèmes concomitants de toxicomanie et de santé mentale ;
- comprendre les effets des préjugés associés aux problèmes concomitants de toxicomanie et de santé mentale.

ACTIVITÉ D'APPRENTISSAGE

MATÉRIEL
- ☐ enveloppes
- ☐ fiches de scénarios

DURÉE
- ☐ de 15 à 20 minutes

1. Découpez les fiches de scénarios de l'activité et placez-les dans une enveloppe. Vous pouvez utiliser vos propres scénarios adaptés à votre auditoire. Si votre groupe compte un grand nombre de personnes, vous pouvez demander à plus d'une personne d'utiliser le même scénario.

2. Texte suggéré

   Lors de cette activité, nous allons examiner nos propres attitudes et croyances à l'égard des problèmes concomitants de toxicomanie et de santé mentale. Tous les scénarios reposent sur des situations réelles. Je vais faire circuler une enveloppe. J'aimerais que vous preniez un des morceaux de papier qui s'y trouvent et que vous lisiez, pour vous-même, le scénario qui y est inscrit.

Faites circuler l'enveloppe et laissez quelques minutes aux participants pour qu'ils lisent le scénario.

Texte suggéré
Bien entendu, les membres de la famille, les fournisseurs de services, les travailleurs sociaux, les médecins et les amis n'ont pas tous ces attitudes et croyances. Toutefois, il importe de reconnaître que certaines personnes perçoivent les problèmes concomitants de toxicomanie et de santé mentale de façon négative et stéréotypée, ce qui peut nuire à la capacité d'une personne vivant avec ces problèmes de demander de l'aide. Au cours de l'atelier, nous vous présenterons des démarches axées sur des solutions qui nous aideront tous à lutter contre les préjugés.

« Est-ce que l'un d'entre vous aimerait nous faire part de sa réaction initiale à l'endroit du scénario ? » (Discussion)

Demandez à cette personne de lire son scénario à haute voix. Lorsqu'elle a fait ses commentaires, posez la question suivante au groupe :

« Quelqu'un d'autre veut-il commenter ce scénario ? »

Si personne ne veut lire son scénario, vous pouvez lire quelques scénarios à haute voix et demander aux participants de les commenter. Vous pouvez utiliser les questions suivantes pour amorcer la discussion :

« Quels préjugés reconnaissez-vous dans ce scénario ? »

« Qu'est-ce qui empêche cette personne d'obtenir l'aide dont elle a besoin ? »

« Que pourrait faire cette personne pour mieux soutenir quelqu'un ayant des problèmes concomitants de toxicomanie et de santé mentale ? Que pourrait-elle dire ? »

REMARQUE À L'INTENTION DE L'ANIMATEUR :
Si les participants ne remarquent pas de problèmes concomitants dans le scénario n° 8, dites-leur qu'il se peut que le père ait une dépression et prenne de l'alcool pour composer avec ses sentiments. Dans bien des cas, la dépression chez les personnes âgées n'est pas diagnostiquée ni traitée. Les gens diront : « Bien entendu il est déprimé. Il vieillit et les gens qui l'entourent meurent les uns après les autres ».

N'oubliez pas que si vous ne savez pas comment répondre à un commentaire, vous pouvez demander aux autres participants ce qu'ils pensent de ce qui a été dit.

MESSAGES CLÉS

- Les croyances et les idées erronées à l'égard des personnes vivant avec des problèmes concomitants de toxicomanie et de santé mentale peuvent empêcher ces personnes d'obtenir l'aide dont elles ont besoin.
- Il importe de connaître les faits au sujet des problèmes concomitants de toxicomanie et de santé mentale et de savoir qu'il est possible de se remettre de ces problèmes.

Angela Tse, de la Hong Fook Mental Health Association à Toronto, a élaboré l'activité « Instinctivement, qu'en pensez-vous ? ».

SECTION 3
ACTIVITÉS BRISE-PRÉJUGÉS

ACTIVITÉ 7
INSTINCTIVEMENT,
QU'EN PENSEZ-VOUS ?

SCÉNARIOS

1. **Propos tenus par un ami :** Ta fille peut venir à notre party des Fêtes, mais il est préférable que ton fils ne vienne pas. Tu dis toi-même qu'il a peut-être des problèmes de santé mentale et qu'il prend peut-être de la drogue. Nous ne voulons pas courir de risque.

2. **Propos tenus par un membre du personnel d'un organisme de santé mentale :** Je suis désolée, mais nous ne pouvons plus travailler avec vous parce que votre consommation de drogue nuit à votre traitement. Lorsque vous aurez reçu de l'aide pour votre consommation de drogue, nous pourrons nous occuper de votre maladie mentale.

3. **Propos tenus par un membre du personnel d'un organisme de lutte contre la toxicomanie :** Je suis désolé, mais nous travaillons seulement avec des personnes ayant une toxicomanie. Nous n'avons pas les compétences nécessaires pour régler les questions complexes liées à votre maladie mentale. Vous devrez consulter un psychiatre puis, peut-être, un intervenant en santé mentale.

4. **Propos tenus par un collègue de travail (pendant le repas du midi) :** Marie est encore malade. Elle est toujours en congé, surtout le lundi. Tu sais, elle sent parfois l'alcool et elle semble toujours de mauvaise humeur. Elle va se faire congédier si elle ne fait pas attention.

5. **Propos tenus par un membre de la famille :** Il faut qu'il parte. Ma belle-mère nous rendra visite bientôt et elle ne sait pas qu'il a une maladie mentale. De plus, il boit trop. Tout le monde dans la famille a réussi dans la vie, sauf lui. Je ne veux pas qu'elle me perçoive de façon différente.

6. **Propos tenus par une voisine à sa fille :** Je ne veux pas que tu ailles chez Fatima. J'ai entendu dire que sa mère vient de quitter l'hôpital à la suite d'une dépression nerveuse. On ne sait pas ce qu'elle pourrait faire si elle est folle.

SECTION 3
ACTIVITÉS BRISE-PRÉJUGÉS

ACTIVITÉ 7
INSTINCTIVEMENT,
QU'EN PENSEZ-VOUS ?

SCÉNARIOS

7. **Propos tenus par un ami :** Georges me faisait pitié quand il a appris qu'il est schizophrène. Ce n'est pas sa faute. Il est né avec cette maladie, mais maintenant il fume de la marijuana et s'attire des ennuis. Il devrait savoir qu'il ne doit pas agir ainsi. C'est déjà assez triste que sa famille doive vivre avec sa maladie mentale.

8. **Propos tenus par un fils à son épouse :** Je sais que mon père boit un peu trop mais, quand même, il a 75 ans et c'est un des seuls plaisirs qu'il lui reste dans la vie. La plupart de ses amis sont mourants. L'alcool le réconforte et l'aide sans doute à dormir.

9. **Propos tenus par un propriétaire :** Tant qu'elle prend ses médicaments et qu'elle ne boit pas, elle aura un logement. Je ne peux pas vivre avec des drogués et des alcooliques.

10. **Propos tenus par un travailleur social :** Pas de traitement, pas d'aide sociale. Désolé.

11. **Propos tenus par un client :** Je pense qu'on devrait l'expulser du groupe de soutien. C'est un cas limite. Il prend encore de la drogue et il monopolise toujours la conversation.

12. **Propos tenus par un membre de la famille :** L'alcool est tabou dans notre culture. Certains ont accepté le fait qu'il a un trouble bipolaire mais si nos amis et le reste de notre famille apprennent que notre fils boit, ce sera notre ruine.

13. **Propos tenus par un psychiatre-conseil :** Il y a peu d'espoir qu'il se remette de sa toxicomanie.

SECTION 3
ACTIVITÉS BRISE-PRÉJUGÉS

ACTIVITÉ 7
INSTINCTIVEMENT,
QU'EN PENSEZ-VOUS ?

SCÉNARIOS

---

14. **Propos tenus par un membre de la famille d'un client ayant des problèmes concomitants de toxicomanie et de santé mentale :** C'est un comportement horrible. Les gens normaux ne se mutilent pas.

15. **Propos tenus par le gestionnaire d'un programme de traitement des troubles concomitants :** Nous ne traitons pas les personnes qui se mutilent ou se brûlent.

ACTIVITÉ 8
NOUS AVONS TOUS UN RÔLE À JOUER

Cette activité illustre, de façon dramatique, le rôle que nous pouvons tous jouer pour lutter contre les préjugés. Nous recommandons d'utiliser cette activité de concert avec l'activité n° 9, « Il y a toujours une autre histoire », pour mieux présenter la démarche axée sur des solutions permettant de lutter contre les préjugés.

OBJECTIFS D'APPRENTISSAGE

- reconnaître que nous avons tous un rôle à jouer pour éliminer les obstacles érigés par les préjugés ;
- prendre connaissance des facteurs qui aident les gens à changer.

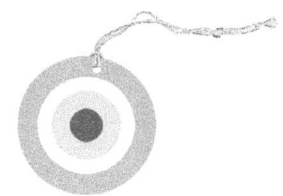

ACTIVITÉ D'APPRENTISSAGE

MATÉRIEL
- ☐ rétroprojecteur ou projecteur à cristaux liquides
- ☐ transparent n° 12 intitulé « Éléments d'une thérapie efficace »

DURÉE
- ☐ de 20 à 25 minutes

1. Commencez l'activité en disant ce qui suit :

    « Je vais vous prouver que nous tous ici présents pouvons jouer un rôle important quand il s'agit d'aider quelqu'un à changer. »

 2. **Présentez le TRANSPARENT N° 12 intitulé « Éléments d'une thérapie efficace ».**

REMARQUE À L'INTENTION DE L'ANIMATEUR :
Insistez sur le fait que les éléments du graphique circulaire reposent sur les résultats de recherches. Le Dr Michael Lambert a déclaré que les facteurs ont été interprétés à la suite de recherches approfondies menées pendant des dizaines d'années. Ces « quatre facteurs communs », comme il les appelle, amènent quelqu'un à apporter des changements dans sa vie, quel que soit le modèle thérapeutique utilisé par le thérapeute ou le conseiller.

Avant d'expliquer le graphique circulaire, vous pouvez poser la question suivante aux participants :

« À quoi pensez-vous quand vous entendez le mot thérapie ? »
(Discussion)

> **Texte suggéré**
> *Cette brève discussion a pour but de démystifier le terme « thérapie » ou « thérapeute ». Les professionnels ont recours à la thérapie pour aider les gens à apporter des changements dans leur vie. C'est un terme souvent mystique.*
>
> *Le graphique circulaire permet de constater que le conseiller ou le thérapeute n'est pas la seule personne qui peut jouer un rôle concret dans la vie des gens qui essaient d'apporter des changements en raison de problèmes co-occurrents de toxicomanie et de santé mentale. Pendant qu'ils apportent des changements, les gens peuvent entrer en contact avec un grand nombre d'intervenants : personnes travaillant dans les domaines du logement, de l'emploi, de l'aide sociale, des refuges, de l'aide à l'enfance et des services de probation et de libération conditionnelle, psychiatres, médecins, personnel infirmier, conseillers à l'accueil, réceptionnistes, etc.*

Vous trouverez ci-après une explication de la diapositive que vous pouvez présenter au groupe. Après avoir expliqué brièvement chaque section, demandez aux participants s'ils veulent faire des commentaires.

Facteurs liés aux relations – 30 pour 100

Des recherches ont démontré que, peu importe le modèle de counseling utilisé, c'est la chaleur, l'empathie et la compassion du conseiller et le fait qu'il ne porte pas de jugement qui font toute la différence. Cela est vrai que la relation nouée par le client soit avec un thérapeute, un agent de probation, une personne qui lui cherche un logement ou la réceptionniste du cabinet de médecin. Par exemple, mettons-nous à la place d'une personne qui cherche pour la première fois à obtenir de l'aide. Elle doit se rendre à un endroit où tout le monde saura pourquoi elle est là. Elle peut ressentir de la peur, de la honte ou de la gêne en raison des préjugés associés aux problèmes concomitants de toxicomanie et de santé mentale. Si la réceptionniste accueille cette personne avec chaleur et compassion et sans porter de jugement, elle l'aidera à se sentir à l'aise et bien accueillie. Il sera alors plus probable que la personne reviendra et continuera son traitement. Toutefois, si on manque de respect envers elle et si on ne tient pas compte de ses besoins, cette personne aura sans doute l'impression qu'on ne la comprend pas et il est possible qu'elle ne revienne pas. Nous avons tous l'occasion à un moment donné de traiter les gens avec respect et dignité. Une telle attitude peut jouer un rôle clé en vue d'éliminer les obstacles créés par les préjugés.

Facteurs extrathérapeutiques – 40 pour 100

On entend par facteurs extrathérapeutiques les circonstances dans lesquelles le client se trouve hors du milieu thérapeutique et sa contribution à la séance de counseling qui peut favoriser son rétablissement. Ces facteurs comprennent les forces du client, les éléments qui le soutiennent et même les événements qui sont le fruit du hasard. Voici des exemples de facteurs pouvant contribuer à un résultat positif : la ténacité, la foi, le soutien de la grand-mère du client, un parrain faisant partie d'un groupe de soutien mutuel, l'appartenance à un groupe religieux, un nouvel emploi, un logement convenable et abordable et le fait d'être sorti indemne d'une crise (Hubble et coll., 2001).

> **REMARQUE À L'INTENTION DE L'ANIMATEUR :**
> Profitez de l'occasion pour faire un remue-méninges avec le groupe afin de trouver d'autres facteurs possibles.

La séance de counseling à laquelle le client assiste une ou deux fois par semaine ne représente qu'une petite partie de sa vie. Lorsqu'il n'assiste pas à ces séances, le client entre en contact avec d'autres personnes, que ce soit celle qui cherche à lui trouver un logement, un rabbin, un des serveurs de son restaurant favori, des amis ou des membres de sa famille. Ces personnes ont elles aussi l'occasion d'éliminer les obstacles que créent les préjugés en traitant le client de façon humaine et non comme un stéréotype. Une attitude chaleureuse, bienveillante et exempte de jugement peut aider le client à se sentir bien dans sa peau et faire naître en lui l'espoir qu'il peut apporter des changements.

Espoir et attente – 15 pour 100

On entend par l'espoir et l'attente le fait de croire que les choses peuvent et vont s'améliorer. Cette impression peut être causée par le soutien et le respect dont le thérapeute fait preuve à l'endroit du client et par les nombreux facteurs extrathérapeutiques pouvant contribuer au rétablissement (p. ex., un logement, un emploi, un ami).

Modèle et technique – 15 pour 100

Bien que le modèle et la technique soient importants pour susciter un changement de comportement, dans bien des cas, nous mettons trop l'accent sur cet aspect du processus de changement. Comme nous pouvons le constater, il y a plusieurs occasions, liées aux facteurs extrathérapeutiques, de poser un geste qui comptera beaucoup. Le thérapeute peut être un membre important de l'équipe qui soutient la personne vivant avec des problèmes concomitants de toxicomanie et de santé mentale.

Texte suggéré
Comme vous pouvez le constater, plusieurs occasions nous sont offertes d'aider les gens à apporter des changements. Ceci dit, que pourriez-vous faire (ou faire différemment) au travail ? (Discussion)

---

3. Demandez aux participants s'ils peuvent relater une expérience personnelle où un simple acte de gentillesse ou une bonne action a changé quelque chose dans la vie de quelqu'un. Vous pouvez également leur raconter une expérience que vous avez vécue.

Voici deux exemples :

- Extrait de *The New Yorker* (Friend, 2003)

  Dans les années 1970, un des patients du Dr Jerome Motto s'est suicidé en sautant du pont Golden Gate. « Je suis allé dans l'appartement de cette personne après son décès en compagnie de l'adjoint du médecin légiste, m'a-t-il dit. Cet homme était dans la trentaine et vivait seul dans un appartement dénudé. Il avait laissé une note sur son bureau dans laquelle il disait : " Je vais me rendre à pied jusqu'au pont et si quelqu'un me sourit en cours de route, je ne sauterai pas. " »

- Citation de June Callwood, auteure et activiste sociale (Allemang, 2004)

  « Et je me suis dit : " La bonté, c'est ça la réponse ". Pas la bonté de haut en bas, donner de la monnaie à des itinérants et les traiter comme une machine à sous, mais plutôt s'arrêter et leur parler. Si les gens peuvent bien se comporter les uns envers les autres, c'est tout ce qui compte. »

Demandez aux participants s'ils peuvent relater une expérience personnelle ou faire part de quelque chose qu'ils ont lu ou entendu.

> **REMARQUE À L'INTENTION DE L'ANIMATEUR :**
> **Si vous utilisez l'activité n° 9, « Il y a toujours une autre histoire », vous pourriez l'amorcer en disant : « Dans le cadre de notre démarche axée sur des solutions et visant à éliminer les préjugés, je vais vous présenter un modèle anti-préjugés ».**

MESSAGES CLÉS

- Il n'est pas nécessaire d'être un expert des troubles concomitants pour venir en aide à une personne aux prises avec des problèmes concomitants de toxicomanie et de santé mentale.
- Un grand nombre de facteurs ont une influence sur la capacité d'apporter des changements.
- Une personne chaleureuse et bienveillante qui ne porte pas de jugement peut éliminer les obstacles créés par les préjugés qui empêchent les personnes de demander de l'aide ou de se prévaloir des services dont elles ont besoin.

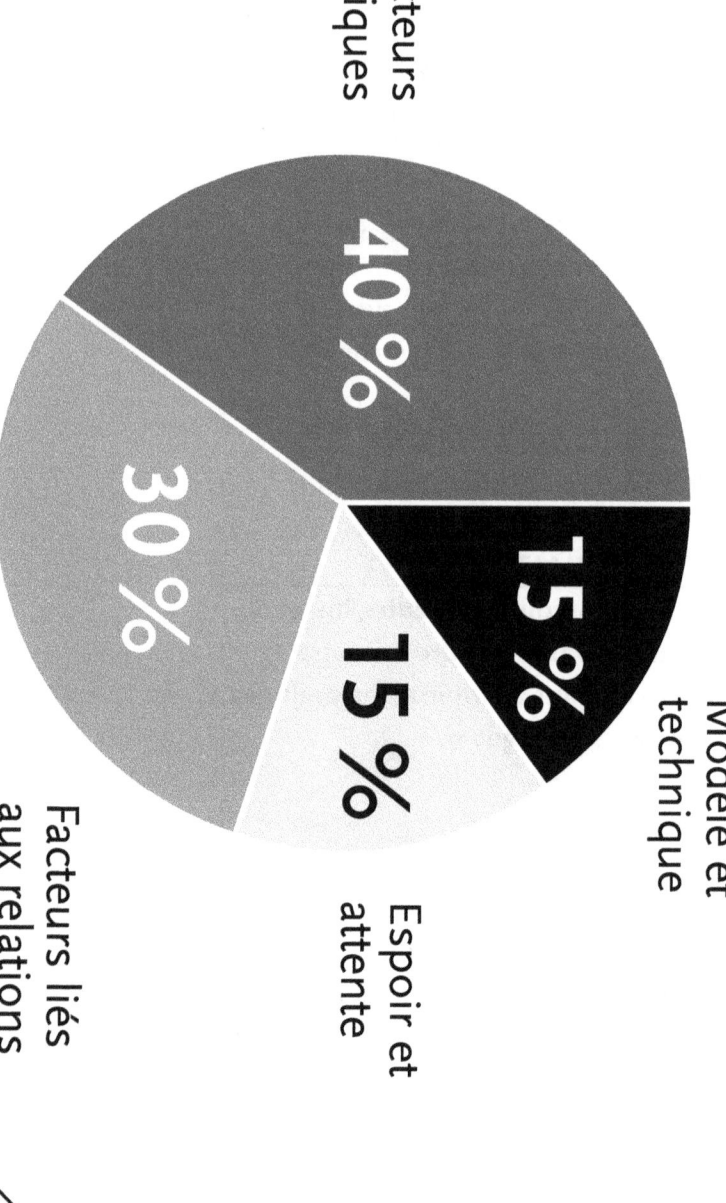

ACTIVITÉ 9
IL Y A TOUJOURS UNE AUTRE HISTOIRE

Cet exercice repose sur les principes de la thérapie du récit. Ce concept est facile à enseigner à tout auditoire lorsqu'on l'utilise comme modèle anti-préjugés.

OBJECTIFS D'APPRENTISSAGE

- faire la distinction entre la personne et le problème ;
- se renseigner sur les histoires qui se cachent derrière l'étiquette ;
- tenir compte de la façon dont la personne se perçoit ;
- comprendre le terme « contexte social » et son importance.

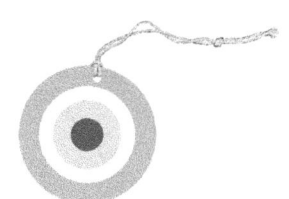

ACTIVITÉ D'APPRENTISSAGE

MATÉRIEL
- ☐ rétroprojecteur ou projecteur à cristaux liquides
- ☐ transparent n° 13 « L'autre histoire »
- ☐ transparent n° 14 « Contexte social »

DURÉE
- ☐ de 20 à 25 minutes

ACTIVITÉ EN GRAND GROUPE

TRANSPARENT 13

1. **Présentez le TRANSPARENT N° 13 : « L'autre histoire »** en utilisant le texte suivant pour orienter la présentation.

> **Texte suggéré**
> *Lorsqu'une personne demande de l'aide parce qu'elle est aux prises avec des problèmes de toxicomanie et de santé mentale, il arrive parfois que le système adopte une démarche axée sur la maladie ou le problème. On considère cette personne du point de vue de son problème et, lorsqu'elle le décrit, on oublie ses forces et son histoire personnelle. (Pointez vers le cercle supérieur.) La personne se rend à un endroit où on traite les problèmes et on lui donne des conseils comme si elle n'était qu'un problème sans autre identité.*
>
> *Pour changer ce raisonnement, il faut d'abord se pencher sur la personne et non sur le problème. (Pointez vers le cercle inférieur.) En extériorisant le problème, on peut réorienter la conversation de « l'histoire du problème » à l'histoire personnelle, qui fait état des forces, des capacités et des réussites de la personne, ce qui l'aidera à lutter contre le problème.*

TRANSPARENT 14

2. **Présentez le TRANSPARENT N° 14 : « Contexte social »** en utilisant le texte suivant pour orienter la présentation.

> **Texte suggéré**
> *Pour expliquer ce concept, nous utilisons une analogie, soit celle d'une personne qui transporte deux valises invisibles. Lorsqu'une personne se rend dans un hôpital ou dans les bureaux d'un organisme pour obtenir de l'aide, elle transporte ces deux valises, qui renferment l'histoire de sa vie. Cette histoire comprend non seulement ses forces, ses capacités et ses réussites, mais aussi d'autres aspects de son identité comme ses antécédents ethnoculturels, son orientation sexuelle, ses croyances, sa perception du monde et sa réalité actuelle.*

Nous devons collaborer avec les gens et les aider à vider leurs valises afin de reconnaître leur contexte social et les amener à créer une nouvelle histoire qui ne renforcera pas le problème. Chaque personne a une histoire différente qui, dans bien des cas, passe sous silence parce qu'une étiquette comme « alcoolique déprimé » fait en sorte que les gens ne portent pas attention aux détails de la vie de cette personne. Si nous ne prenons pas le temps d'ouvrir les valises, nous n'apprendrons jamais à connaître la personne. L'histoire de la personne ne se limite pas au « problème présenté ».

En conclusion, il y a trois choses à faire pour voir au-delà de l'étiquette :

- ***Extérioriser le problème*** *– cela peut aider à éliminer les effets stigmatisants et discriminatoires de l'étiquette et des auto-préjugés (p. ex., ne pas dire un « alcoolique déprimé », mais plutôt une « personne vivant avec une dépression et un problème de toxicomanie »).*
- ***Tenir compte de l'autre histoire*** *– poser des questions et écouter l'histoire de la personne, car elle fournit des renseignements sur ses forces, ses capacités et ses réussites.*
- ***Tenir compte du contexte social*** *– c'est tout le contenu des deux valises. Il faut comprendre le monde dans lequel vit la personne pour lui venir en aide. Cela est vrai quels que soient la relation et le rôle que nous y jouons.*

REMARQUE À L'INTENTION DE L'ANIMATEUR :
Ce pourrait être le moment de donner un exemple personnel d'une « autre histoire » qui va au-delà de l'étiquette. Vous pouvez raconter votre histoire personnelle, l'histoire d'un ami ou d'un parent ou une histoire dont vous avez pris connaissance dans les médias. Par exemple, peut-être y a-t-il dans votre famille une personne aux prises avec des problèmes de toxicomanie et de santé mentale mais qui est également artiste, activiste social ou scientifique.

Parlez des obstacles que cette personne a dû surmonter et de ce qui l'a aidée à relever ces défis.

Pendant la mise à l'essai de la présente trousse, les animateurs qui ont parlé de leur expérience personnelle à l'égard des problèmes concomitants de toxicomanie et de santé mentale ont fait part de leur « autre histoire » aux participants pendant cette activité plutôt que d'en parler pendant l'introduction. Il s'agit là d'une démonstration percutante de ce modèle (voir « À la première personne » à la section 4 : Conseils pour l'animateur).

ACTIVITÉ EN PETITS GROUPES

Cet exercice a pour but d'amener les gens à parler de leurs forces et de leurs talents qui passent peut-être inaperçus dans leur vie professionnelle de tous les jours. Ces forces et talents font partie de leur « autre histoire ».

1. Répartissez les participants en groupes de deux ou trois et demandez aux membres de chaque groupe de faire part d'une histoire positive les concernant qui va à l'encontre de la façon dont les gens les perçoivent généralement. L'histoire peut porter sur une réalisation, un passe-temps, une bonne action ou une expérience intéressante.

   REMARQUE À L'INTENTION DE L'ANIMATEUR :
   Un grand nombre de participants trouvent que cet exercice est difficile parce qu'ils ne sont pas habitués à parler d'eux-mêmes. Vous serez peut-être obligé de visiter chaque groupe et d'encourager les participants à « se vanter ».

2. Laissez entre 5 et 10 minutes aux groupes pour faire cet exercice puis reformez le grand groupe.

3. Demandez aux participants comment ils se sentaient lorsqu'ils ont parlé d'un aspect positif d'eux-mêmes et comment les autres membres du groupe ont réagi à leur histoire.

MESSAGES CLÉS

- Le langage est un outil puissant. En extériorisant le problème, nous considérons que le problème est quelque chose qui ne fait pas partie de la personne plutôt qu'une chose qui définit la personne.
- Nous avons tous une autre histoire, qui fait état de nos forces, de nos capacités et de nos réussites.
- Il faut absolument tenir compte de la façon dont les gens se perçoivent et de leur contexte social pour comprendre comment on peut travailler ensemble.

SECTION 3
ACTIVITÉS BRISE-PRÉJUGÉS

ACTIVITÉ 9
IL Y A TOUJOURS UNE AUTRE HISTOIRE

L'autre histoire

PROBLÈME
La vie/soi-même

→

LA VIE/SOI-MÊME
(L'autre histoire)

PROBLÈME

TRANSPARENT **13**

SECTION 3
ACTIVITÉS BRISE-PRÉJUGÉS

ACTIVITÉ 9
IL Y A TOUJOURS UNE AUTRE HISTOIRE

CONTEXTE SOCIAL

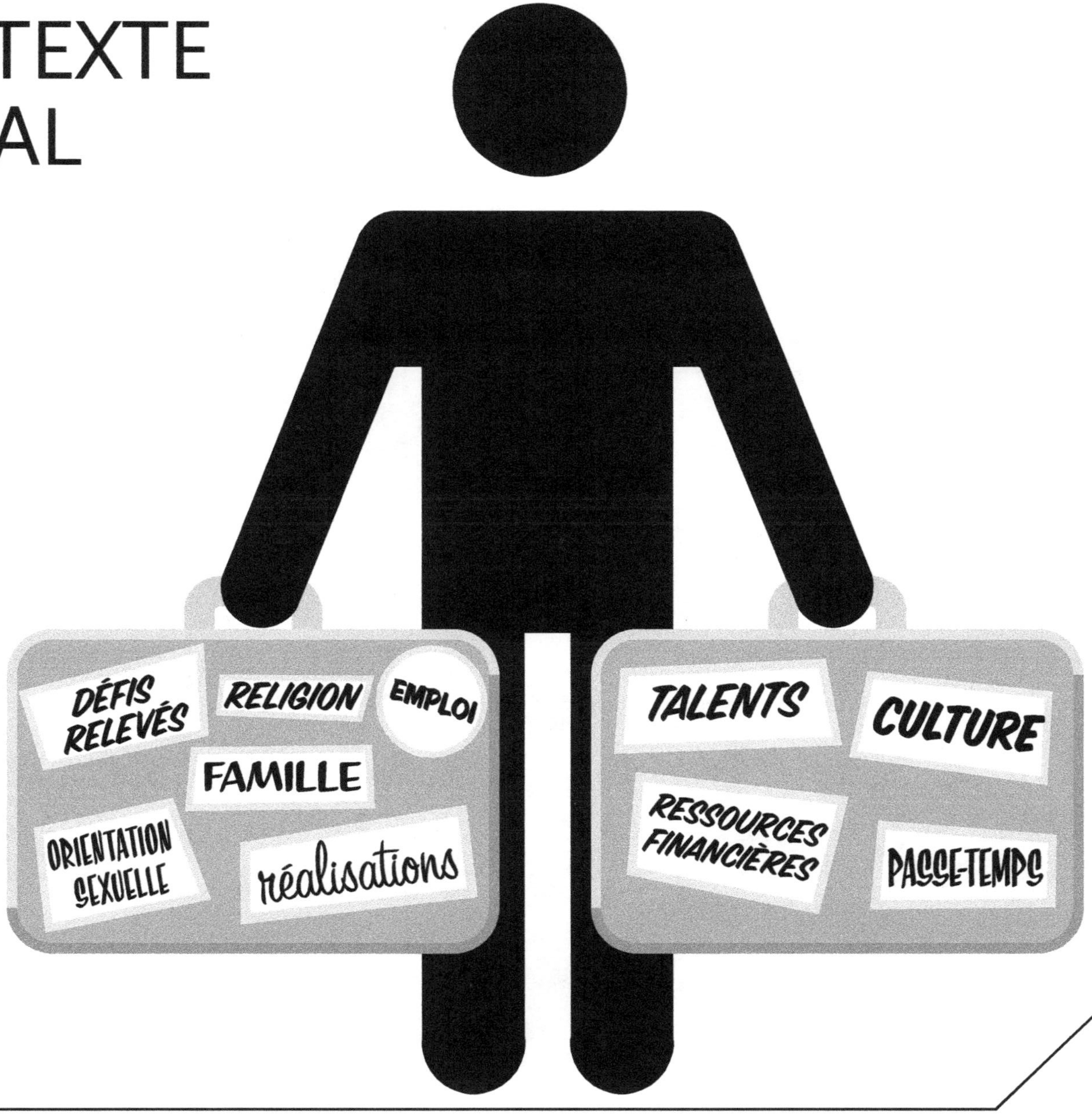

- DÉFIS RELEVÉS
- ORIENTATION SEXUELLE
- RELIGION
- FAMILLE
- réalisations
- EMPLOI
- TALENTS
- RESSOURCES FINANCIÈRES
- CULTURE
- PASSE-TEMPS

TRANSPARENT 14

ACTIVITÉ 10
ACTIVITÉ DE CLÔTURE : TERMINER SUR UNE NOTE POSITIVE

Comme son nom l'indique, cette courte activité a pour but de mettre fin à la présentation.

ACTIVITÉ D'APPRENTISSAGE

MATÉRIEL
- transparent n° 15 « Ce qu'on peut faire pour éliminer les préjugés » et transparent n° 16 « Qu'est-ce qu'un préjugé ? »
- rétroprojecteur ou projecteur à cristaux liquides
- document à distribuer n° 4 « Ce qu'on peut faire pour éliminer les préjugés » et document n° 5 « Nous devons nous élever contre les préjugés »

DURÉE
- de 10 à 15 minutes

1. Texte suggéré

    Nous espérons que cette présentation vous incitera à vous joindre à l'équipe « brise-préjugés ». Pour faire partie de cette équipe, il faut prendre un engagement à vie, mais le jeu en vaut la chandelle.

2. Avant de présenter le transparent, demandez aux participants de nommer un geste qu'ils poseront pour contribuer à éliminer les préjugés.

3. **Présentez le TRANSPARENT N° 15 : « Ce qu'on peut faire pour éliminer les préjugés ».**

TRANSPARENT

4. Demandez aux participants s'ils ont quelque chose à ajouter.

5. Remettez aux participants des copies du document à distribuer n° 4 **« Ce qu'on peut faire pour éliminer les préjugés »** et du document n° 5 **« Nous devons nous élever contre les préjugés »**.

6. Demandez aux participants s'ils aimeraient discuter de certains points ou de certains sentiments qu'ils éprouvent avant de mettre fin à la séance.

TRANSPARENT

7. Pour récapituler l'atelier, **présentez le TRANSPARENT N° 16 :** « Qu'est-ce qu'un préjugé ? ».

> **Texte suggéré**
> *Nous avons passé les (x) dernières heures à parler des préjugés associés aux problèmes concomitants de toxicomanie et de santé mentale. Ces préjugés peuvent empêcher les gens de demander de l'aide, ils nuisent au rétablissement et peuvent être éliminés. Je vous ai suggéré des moyens de contribuer à l'élimination des préjugés. Le message clé que je veux vous transmettre est le suivant : les préjugés font du mal. Ce sont des idées préconçues qui mènent à de la discrimination et qui violent les droits de la personne.*

Ce qu'on peut faire pour éliminer les préjugés

1. Soyez conscient de la prévalence des problèmes concomitants de toxicomanie et de santé mentale.
2. Mettez-vous à la place de la personne visée par les préjugés.
3. Prenez garde au langage que vous utilisez.
4. Surveillez les médias et critiquez ouvertement les sources de préjugés.
5. Envoyez une lettre à la rédaction pour vous plaindre des préjugés véhiculés.
6. Parlez des préjugés à vos amis, à votre famille et à vos collègues.
7. Soyez conscient de vos attitudes et des jugements que vous portez.
8. Appuyez les organisations qui luttent contre les préjugés.

SECTION 3
ACTIVITÉS BRISE-PRÉJUGÉS

ACTIVITÉ 10
ACTIVITÉ DE CLÔTURE

Qu'est-ce qu'un préjugé ?

**OPINION PRÉCONÇUE
+
DISCRIMINATION**

=

PRÉJUGÉ

TRANSPARENT **16**

Ce qu'on peut faire pour éliminer les préjugés

1. Soyez conscient de la prévalence des problèmes concomitants de toxicomanie et de santé mentale.

2. Mettez-vous à la place de la personne visée par les préjugés.

3. Prenez garde au langage que vous utilisez.

4. Surveillez les médias et critiquez ouvertement les sources de préjugés.

5. Envoyez une lettre à la rédaction pour vous plaindre des préjugés véhiculés.

6. Parlez des préjugés à vos amis, à votre famille et à vos collègues.

7. Soyez conscient de vos attitudes et des jugements que vous portez.

8. Appuyez les organisations qui luttent contre les préjugés.

Nous devons nous élever contre les préjugés

Sept conseils pour rédiger une lettre de plainte efficace envoyée aux médias :

1. COMMENCEZ VOTRE LETTRE EN INDIQUANT SON BUT ET EXPRIMEZ VOS SENTIMENTS
- La présente lettre a pour but de . . .
- vous faire savoir . . .
- vous suggérer . . .
- vous faire part de ma déception à l'égard de . . .
- protester . . .
- condamner . . .

2. INDIQUEZ L'OBJET DE VOTRE PLAINTE
- Votre éditorial . . .
- Votre article . . .
- Votre émission de télévision . . .
- Votre. . . *qui a été projeté (qui a été diffusé, qui a paru) le (date) et qui est intitulé (titre du film, de l'émission, de l'article ou de l'éditorial)*

3. DITES QUI VOUS ÊTES
- En tant que lecteur/auditeur/fan ayant un problème de santé mentale ou de toxicomanie . . .
- En tant que parent d'une merveilleuse jeune femme qui a . . .
- En tant qu'administrateur d'un programme s'adressant aux personnes qui . . .

4. INDIQUEZ CE QUI VOUS A DÉPLU ET LES MÉFAITS QUE CES PRÉJUGÉS PEUVENT CAUSER
Je peux vous dire que . . .
- votre plaisanterie m'a fait pleurer de douleur et de colère . . .
- votre grand titre m'a fait bouillir de rage. . .
- vous trompez le public au sujet de . . .

5. FOURNISSEZ DES RENSEIGNEMENTS SUR LES PROBLÈMES DE SANTÉ MENTALE OU DE TOXICOMANIE
Je peux également vous dire que . . .
- les stéréotypes négatifs influencent considérablement l'attitude des gens à l'égard des personnes ayant une maladie mentale (ou une toxicomanie). Selon une étude effectuée en 1990, deux personnes interrogées sur trois ont déclaré que les médias – non les médecins ou d'autres professionnels – étaient leur source de renseignements sur les maladies mentales.

6. DITES CE QUE VOUS VOULEZ QU'ON FASSE
Je vous prie de bien vouloir mettre fin . . .
- aux insultes et aux plaisanteries . . .
- aux grands titres à sensation . . .
- à l'exploitation . . .

Vous pouvez rectifier les dommages causés en fournissant des renseignements exacts sur . . .

7. ÉDUQUEZ !
Vous trouverez ci-joint(s) . . .
- un document d'information sur . . .
- des renseignements sur notre programme . . .
- un article sur . . .

Adapté de Arnold J. et N. Weinerth. *Challenging Stereotypes: An Action Guide*, Rockville, MD, Substance Abuse and Mental Health Services Administration, U.S. Department of Health and Human Services, 2001.

CONSEILS POUR L'ANIMATEUR

CONSEILS POUR L'ANIMATEUR

Nous savons que les animateurs qui utilisent la présente trousse proviennent de milieux, de disciplines et d'organismes différents et qu'ils ont chacun leur échéancier. La présente section a pour but d'aider l'animateur en lui fournissant :

- des lignes directrices ;
- une liste de vérification dont il peut se servir pour préparer et animer l'atelier ;
- des réponses à des questions difficiles ;
- des conseils pour les présentations à la première personne ;
- des exemples de présentations et des scénarios illustrant la façon d'utiliser la trousse.

LIGNES DIRECTRICES POUR L'ANIMATEUR

Nous savons tous que certaines personnes préfèrent animer un atelier seules alors que d'autres préfèrent l'animer avec une ou un collègue. Les activités suggérées dans la présente trousse se prêtent à la coanimation, et ce pour plusieurs raisons : elles requièrent la présence de personnes qui assureront un juste équilibre entre l'expérience en matière de toxicomanie et l'expérience en matière de santé mentale et entre la connaissance du contenu et la connaissance des processus. Elles requièrent également une deuxième paire d'yeux et d'oreilles pour surveiller le fonctionnement du groupe ou des participants. Nous recommandons que l'atelier soit animé par une seule personne uniquement si l'animateur possède une vaste expérience.

Bien que les activités suggérées dans la présente trousse ne visent pas à susciter de vives réactions ou des conflits au sein du groupe, les préjugés, les opinions préconçues et la discrimination sont des sujets délicats. La ou les personnes qui animent l'atelier doivent toujours prendre soin des participants et se préoccuper de leurs sentiments. Que vous animiez l'atelier seul ou avec un collègue, les recommandations suivantes vous aideront à créer un milieu d'apprentissage sûr et positif axé sur le respect de tous les participants.

Avant l'atelier

Discutez des points suivants avec votre coanimateur :

- votre style d'animation et ce que vous considérez comme étant vos forces ;
- la façon dont vous traiterez chaque activité en détail ;
- ce que vous ferez si une activité ne fonctionne pas (solution de rechange) ;
- la façon dont vous déterminerez les règles de base en collaboration avec les participants ;
- la façon dont vous réglerez les conflits ou ferez face aux réactions difficiles, le cas échéant ;
- la façon dont vous communiquerez avec votre coanimateur.

Pendant l'atelier

Prévoyez ce qui suit au cours de l'atelier :

- Des activités permettant aux participants de faire connaissance, même s'ils travaillent ensemble (p. ex., des activités pour briser la glace).
- Une discussion sur les choses dont on a besoin pour se sentir en sécurité et réussir (voir le transparent n° 2 « Quelques règles de base »). Il est parfois utile de demander aux participants ce qui a nui au succès d'un atelier auquel ils ont assisté par le passé puis de s'entendre avec eux sur la nature de leur participation.
- Un moyen de vérifier le niveau d'énergie des participants. Si ces derniers n'arrivent plus à se concentrer, changez le rythme de l'atelier, faites une pause ou réorientez l'atelier.
- Une discussion en groupe et des activités permettant de faire le point sur les pensées, les idées et les sentiments.
- Une solution de rechange. Par exemple, si une activité dure plus longtemps que prévu, sachez ce que vous éliminerez ou, dans le cas d'une activité plus courte que prévue, ce que vous ajouterez ou ce que vous réorganiserez.
- Des moyens pour les penseurs méthodiques de faire part de leurs idées. Le remue-méninges peut être utile. Toutefois, il convient mieux aux personnes qui « pensent vite » et à celles qui s'expriment bien. Demandez aux participants de consigner leurs pensées sur des papillons Post-it ou un autre morceau de papier afin de mettre tout le monde sur un pied d'égalité.

- Modifiez les groupes. Les gens sont généralement attirés par les personnes qu'ils connaissent. En modifiant les groupes, vous redonnerez de l'énergie aux groupes et favoriserez l'apparition de nouvelles idées.
- Activité de clôture. Même s'il vous reste peu de temps, intégrez une activité de clôture.
- Des occasions pour les participants de rire et de s'amuser !

Après l'atelier

- Invitez les personnes intéressées à rester après l'atelier si elles veulent obtenir plus de renseignements ou si elles souhaitent discuter de quelque chose. Plutôt que de parler avec votre coanimateur ou de ranger vos effets dès que l'atelier est terminé, attendez que tout le monde ait quitté la salle.
- Lorsque les participants ont quitté les lieux, faites le point sur l'atelier avec votre coanimateur pendant que tout est frais à votre esprit et avant que vous ne preniez connaissance des commentaires des participants. Prenez note de ce que vous avez appris, de ce qui s'est bien passé, de vos perceptions, etc.
- Profitez de l'occasion pour rétablir le contact avec les participants après l'atelier ; faites un résumé des commentaires, offrez-leur une liste des ressources supplémentaires mentionnées pendant l'atelier et invitez-les à communiquer avec vous s'ils souhaitent obtenir plus de renseignements. Un bref contact par courrier électronique, télécopieur ou téléphone peut renforcer l'apprentissage et l'assimilation des connaissances.
- Célébrez le travail accompli !

LISTE DE VÉRIFICATION POUR LA PRÉSENTATION

Il est souvent utile de passer en revue les éléments de base d'une présentation efficace avant de planifier et d'organiser une séance. Gardez à l'esprit ce qui suit :

- ☐ Assurez-vous que la salle est suffisamment grande compte tenu du nombre de participants et que vous avez accès à des locaux privés ou d'autres pièces, au besoin, pour les discussions en petits groupes.
- ☐ Fournissez des rafraîchissements si la présentation durera une heure ou plus. À tout le moins, assurez-vous qu'il y a de l'eau. Allumez la cafetière à l'avance.
- ☐ Assurez-vous que vous avez assez de copies des documents que vous distribuerez pour tous les participants. Faites des copies supplémentaires pour les personnes qui veulent plus d'un exemplaire.
- ☐ La police de caractères doit être grosse et facile à lire sur tous les transparents et documents remis aux participants.
- ☐ Ayez à portée de la main un tableau de papier, des feuilles de papier, des marqueurs et des stylos.
- ☐ Vérifiez la température de la pièce.
- ☐ Réservez le matériel audiovisuel dont vous aurez besoin et assurez-vous qu'il fonctionne au moins 30 minutes avant le début de l'atelier. Élaborez un plan d'urgence.

SOYEZ PRÊT À RÉPONDRE AUX QUESTIONS

Il peut être difficile et intimidant de parler des préjugés avec ses collègues, surtout avec les personnes qui ont sans doute pris connaissance d'autres documents sur les préjugés et qui luttent contre les préjugés dans le cadre de leurs fonctions. Vous trouverez ci-après des questions qui pourraient être posées au cours de votre présentation.

QUESTION POTENTIELLE : Qu'est-ce que ça donne de parler des préjugés ? Ne s'agit-il pas d'un problème qui ne disparaîtra jamais ?

> **Texte suggéré :**
> *Plusieurs études ont démontré que les programmes de lutte contre les préjugés fonctionnent. Par exemple, les personnes qui ont assisté récemment à une séance de formation sur la santé mentale regroupant des policiers d'Angleterre ont déclaré qu'elles étaient mieux informées et plus à l'aise pour venir en aide aux personnes éprouvant des troubles de santé mentale (Pinfold et coll., 2003). Une étude (Coates et coll., 2003) a révélé que les préjugés associés au syndrome de stress post-traumatique avaient été considérablement atténués à New York à la suite des attaques du 11 septembre. Cela démontre qu'on peut atténuer les préjugés lorsqu'on partage les expériences vécues. Une sensibilisation accrue aux préjugés grâce à des outils éducatifs ou à des campagnes de communication peut modifier les attitudes et les messages véhiculés par les médias, ce qui atténue les préjugés et soulage le fardeau des personnes touchées. L'information est un moyen de lutter contre les préjugés !*

QUESTION POTENTIELLE : Je travaille avec des clients ayant des troubles concomitants. Je suis conscient du fardeau supplémentaire qu'ils portent. Pourquoi devrais-je passer mon temps à passer en revue ce que je connais déjà ?

> **Teste suggéré :**
> *La plupart d'entre nous avons des croyances ou utilisons des stéréotypes qui, lorsqu'on y réfléchit, sont erronés. En faisant le point sur les sentiments que nous éprouvons ou les partis pris que nous avons sans nous en rendre compte, nous pourrons comprendre les effets des préjugés et les moyens de les éliminer. Nous avons intégré à l'atelier des démarches axées sur des solutions qui pourraient vous aider à faire comprendre à d'autres personnes les effets des préjugés sur vos clients.*

QUESTION POTENTIELLE : J'ai entendu parler d'un cas où un voisin aux prises avec des problèmes de toxicomanie et de santé mentale est devenu agressif et a proféré des menaces. Dans ce cas, plusieurs des perceptions et des craintes que nous avons au sujet de la violence et de la maladie mentale étaient exactes. Comment peut-on changer les attitudes lorsque, dans certains cas, on a raison de s'inquiéter du comportement d'une personne ?

> **Texte suggéré :**
> *Il y a des cas isolés où des personnes ayant des troubles concomitants sont violentes et où il faut intervenir. Malheureusement, les préjugés associés à la maladie mentale et à la toxicomanie perpétuent le mythe selon lequel ces situations sont courantes et toutes les personnes ayant des problèmes de toxicomanie et de santé mentale sont dangereuses et inspirent la crainte. Une étude effectuée en 2001 par Arboleda-Flórez et Stuart a démontré tout le contraire. En effet, selon cette étude, environ 3 pour 100 des infractions avec violence peuvent être attribuées à une maladie mentale et 7 pour 100 à des problèmes de toxicomanie. Théoriquement, seul un crime sur dix pourrait être évité si ces troubles n'existaient pas. Comme les médias ont tendance à renforcer le mythe selon lequel toutes les personnes ayant des problèmes de toxicomanie ou de santé mentale constituent un danger pour le public, il faut remettre en question les images déformées qu'ils transmettent.*

QUESTION POTENTIELLE : Je croyais que j'allais en apprendre davantage sur les troubles concomitants pendant l'atelier. N'est-il pas plus important de se renseigner sur les meilleures pratiques de traitement plutôt que d'explorer les préjugés ?

> **Texte suggéré :**
> *Les troubles concomitants sont devenus une priorité dans les domaines de la recherche et des travaux cliniques. Toutefois, on a accordé peu d'attention aux effets des préjugés et aux avantages réels d'intégrer des pratiques anti-préjugés à notre travail. Nous souhaitons sensibiliser les participants à l'atelier au fardeau des préjugés que doivent supporter les personnes ayant des problèmes concomitants de toxicomanie et de santé mentale. Nous avons dressé une liste d'ouvrages de référence et de ressources pour les personnes qui souhaitent en apprendre davantage sur les meilleures pratiques de traitement des troubles concomitants.*

N'oubliez pas ! On ne s'attend pas à ce que vous soyez une experte ou un expert. Il est parfois utile de reconnaître la complexité du sujet et de demander aux participants ce qu'ils en pensent.

À LA PREMIÈRE PERSONNE

Des recherches ont démontré que l'éducation atténue les craintes et accroît les connaissances, mais ne permet pas à elle seule d'éliminer les préjugés. L'expérience personnelle, lorsqu'elle est pertinente, est un excellent moyen de faire comprendre le message. L'application de la théorie à un cas réel et l'identification avec la personne en cause peuvent avoir un effet profond sur le participant.

Si vous n'avez pas l'expérience des problèmes concomitants ou si vous préférez ne pas faire part de votre expérience à cet égard lors de l'atelier, vous pouvez inviter un conférencier à raconter son histoire au groupe. Le conférencier peut être un client, une personne aux prises avec des problèmes de toxicomanie et de santé mentale ou un membre de sa famille.

Voici quelques conseils qui vous aideront si vous invitez un conférencier :

- Téléphonez au conférencier ou rencontrez-le avant l'atelier au lieu de simplement lui transmettre les renseignements pertinents par télécopieur ou par courrier électronique.
- Expliquez les résultats d'apprentissage de la présentation et les raisons pour lesquelles vous lui avez demandé de prendre la parole.
- Offrez au conférencier une courte séance de formation sur la façon de prendre la parole devant un groupe et de répondre aux questions des participants.
- Discutez avec lui des risques et des avantages de prendre la parole en public. Il incombe à la personne de décider si elle prendra la parole ou non.
- Donnez au conférencier le choix entre quelques dates pour la présentation.
- Dites-lui combien de temps son exposé devrait durer et de combien de temps il disposera pour répondre aux questions et discuter avec les participants.
- Demandez au conférencier s'il s'attend à être rémunéré.
- Rappelez le conférencier environ une semaine avant la date prévue et demandez-lui s'il a besoin de quelque chose.
- Lorsque le conférencier arrive, accueillez-le chaleureusement.
- Présentez le conférencier au groupe.
- Rappelez aux participants qu'ils ne doivent pas divulguer les renseignements que le conférencier fournira.
- Une fois l'exposé terminé, amorcez les applaudissements et remerciez le conférencier devant le groupe.
- Demandez aux participants s'ils ont des commentaires ou des questions.
- Remettez au conférencier ses honoraires ou un petit cadeau, si possible, avant qu'il ne parte.
- Envoyez-lui une carte de remerciement après l'atelier et assurez-vous d'épeler son nom correctement.

CONSEILS POUR LES CONFÉRENCIERS

On trouvera ci-après une liste de conseils et de recommandations pour les personnes qui acceptent de venir parler de leur expérience personnelle (ou de celle d'un membre de leur famille) à l'égard des problèmes de toxicomanie et/ou de santé mentale.

- Demandez à la personne qui organise l'atelier de la rencontrer pour obtenir des précisions sur l'auditoire, l'endroit où l'atelier aura lieu, ainsi que la durée et le but de votre présentation.
- Renseignez-vous sur l'auditoire. Par exemple, s'il s'agit d'un groupe de fournisseurs de services, vous voudrez peut-être mettre l'accent sur votre expérience à l'égard des troubles concomitants.
- Réfléchissez à votre message. Lorsque vous préparez votre présentation, songez aux types de messages que vous voulez que l'auditoire garde à l'esprit une fois votre exposé terminé.
- Réfléchissez aux risques potentiels et aux avantages qu'il y a à parler de votre expérience à l'égard des problèmes concomitants de toxicomanie et de santé mentale à des gens en qui vous avez confiance. Si vous décidez de ne pas prendre la parole parce que vous estimez que c'est dans votre intérêt d'agir ainsi, on doit respecter votre décision.
- Préparez votre exposé. Réfléchissez à ce que vous êtes disposé à révéler à votre auditoire. C'est à vous de décider ce que vous direz et ce que vous passerez sous silence. Écrivez votre présentation sur des fiches aide-mémoire ou des feuilles de papier que vous pourrez consulter pendant votre exposé.
- Prévoyez les types de questions qu'on pourrait vous poser. Si vous ne voulez pas répondre à une question, c'est votre droit.
- Faites votre exposé devant un ami ou un membre de votre famille et demandez-lui ce qu'il en pense.
- Une journée avant la date prévue, confirmez à quelle heure et à quel endroit la présentation aura lieu ainsi que vos préparatifs de voyage.
- Félicitez-vous d'avoir accepté de faire part de votre expérience personnelle, car vous contribuerez à lutter contre les préjugés associés aux problèmes de toxicomanie et de santé mentale.

Adapté de CAMH. *Parlons de la maladie mentale : Guide de la communauté*, Toronto, CAMH, 2001.

EXEMPLES DE PRÉSENTATIONS

Voici plusieurs exemples de scénarios où la présente trousse pourrait être utilisée de façon efficace. Nous vous recommandons d'inclure dans chaque présentation les renseignements sur les troubles concomitants et les préjugés se trouvant dans la section 2 : Préparer le terrain.

SCÉNARIO Nº 1 : ATELIER D'UNE DEMI-JOURNÉE À L'INTENTION DES FOURNISSEURS DE SERVICES

Michèle est infirmière psychiatrique dans une collectivité du Nord de l'Ontario où on a relevé récemment une augmentation du nombre d'adolescents qui utilisent des solvants. On lui a demandé d'organiser la prochaine demi-journée de réflexion à l'intention du personnel, à laquelle assisteront des médecins de famille, des infirmières et infirmiers, des gestionnaires et des employés de soutien. En règle générale, on invite également deux ou trois clients recevant des services de santé mentale à assister à cette demi-journée. À l'aide de la présente trousse, Michèle organise une demi-journée d'exercices et de discussion et remet un document aux participants. Elle complète les séances de partage d'information et de travail en groupe avec un exposé de 20 minutes qui sera donné par une conférencière invitée.

Voici le programme de la demi-journée organisée par Michèle :
- **15 minutes :** Activité nº 1 : Les faits, sans plus !
- **10 minutes :** Section 2 : Préparer le terrain
- **15 minutes :** Activité nº 3 : Repenser la normalité
- **20 minutes :** Activité nº 7 : Instinctivement, qu'en pensez-vous ?
- **15 minutes :** Pause
- **20 minutes :** Exposé de la conférencière (la mère d'un jeune ayant des problèmes concomitants de toxicomanie et de santé mentale) ; séance de questions et réponses
- **20 minutes :** Activité nº 8 : Nous avons tous un rôle à jouer
- **25 minutes :** Activité nº 9 : Il y a toujours une autre histoire
- **5 minutes :** Activité nº 10 : Activité de clôture : Terminer sur une note positive

SCÉNARIO N° 2 : PRÉSENTATION D'UNE HEURE À L'INTENTION DES FOURNISSEURS DE SERVICES

Paolo est conseiller en toxicomanie. Il travaille à temps plein dans un centre de gestion du sevrage situé dans une grande ville. Il s'est rendu compte qu'un grand nombre de ses clients font face à un large éventail de difficultés affectives et interpersonnelles ainsi qu'à des problèmes de toxicomanie et de santé mentale qui rendent le rétablissement encore plus difficile. En fréquentant des collègues qui travaillent dans d'autres milieux, il a constaté qu'un grand nombre d'entre eux ont des opinions erronées ou font des généralisations à l'emporte-pièce au sujet des problèmes de santé mentale. Il propose d'organiser un atelier d'une demi-journée sur les troubles concomitants à l'intention d'autres personnes travaillant dans le domaine de la toxicomanie dans son secteur. Cet atelier aura lieu lors de leur prochaine rencontre informelle et comprendra une séance d'une heure sur les préjugés associés aux problèmes concomitants de toxicomanie et de santé mentale.

Après avoir lu le guide de l'animateur, Paolo élabore le programme de la séance d'une heure.
10 minutes : Section 2 : Préparer le terrain
10 minutes : Activité n° 2 : Le saviez-vous . . . ?
15 minutes : Activité n° 3 : Repenser la normalité
15 minutes : Activité n° 5 : Qui est étiqueté ?
10 minutes : Activité n° 10 : Activité de clôture : Terminer sur une note positive

Lorsque vous aurez intégré quelques-unes de ces activités à vos présentations, vous découvrirez plusieurs autres occasions d'organiser des activités de sensibilisation dans votre collectivité. En voici quelques-unes !

SCÉNARIO N° 3 : RÉUNION DU PERSONNEL

Une réunion du personnel (ou une réunion à laquelle participent les gestionnaires, les directeurs généraux ou les bénévoles de l'organisme) est une excellente occasion pour le personnel clinique et autre de faire le point sur ses valeurs et ses attitudes à l'égard des personnes vivant avec des problèmes concomitants de toxicomanie et de santé mentale. La séance suivante dure 60 minutes.

10 minutes : Section 2 : Préparer le terrain
20 minutes : Activité n° 4 : Les mots peuvent faire mal
20 minutes : Activité n° 8 : Nous avons tous un rôle à jouer
10 minutes : Activité n° 10 : Activité de clôture : Terminer sur une note positive

SCÉNARIO Nº 4 : RÉUNION CASSE-CROÛTE OU SÉANCE SCIENTIFIQUE (en milieu hospitalier)

Trouvez un titre accrocheur pour annoncer une présentation d'une heure sur les préjugés et les problèmes concomitants de toxicomanie et de santé mentale.

- **10 minutes :** Section 2 : Préparer le terrain
- **15 minutes :** Activité nº 3 : Repenser la normalité
- **10 minutes :** Activité nº 6 : Mettez-vous dans cette situation
- **25 minutes :** Activité nº 9 : Il y a toujours une autre histoire

SCÉNARIO Nº 5 : SÉANCE D'ORIENTATION POUR LES NOUVEAUX EMPLOYÉS ET LES BÉNÉVOLES

Les renseignements fournis dans le présent document pourraient être intégrés aux séances d'orientation du personnel, car ils lui seraient utiles.

- **10 minutes :** Section 2 : Préparer le terrain
- **15 minutes :** Activité nº 2 : Le saviez-vous . . . ?
- **10 minutes :** Activité nº 5 : Qui est étiqueté ?
- **20 minutes :** Activité nº 8 : Nous avons tous un rôle à jouer
- **25 minutes :** Activité nº 9 : Il y a toujours une autre histoire

SCÉNARIO Nº 6 : PROGRAMMES OFFERTS EN ÉTABLISSEMENT (p. ex., programmes de traitement, programmes de logements avec services de soutien)

Pendant la mise à l'essai de l'atelier *Au-delà des étiquettes*, les participants ont indiqué qu'ils souhaitaient utiliser les renseignements fournis avec des groupes de clients. Certaines personnes vivant avec des problèmes concomitants de toxicomanie et de santé mentale font l'objet « d'auto-préjugés » et intériorisent les stéréotypes négatifs associés aux étiquettes (Kittel Canale, 2001). Certaines des activités pourraient vous être utiles lorsque vous voulez aider une personne à se rendre compte que les auto-préjugés n'ont rien à voir avec elle et qu'ils sont attribuables aux attitudes négatives qu'adoptent les gens, sous l'influence de la société, à l'égard des problèmes de toxicomanie et de santé mentale. Voici un exemple d'une présentation portant sur les causes des préjugés et de la discrimination.

- **10 minutes :** Section 2 : Préparer le terrain
- **15 minutes :** Activité nº 3 : Repenser la normalité
- **25 minutes :** Activité nº 8 : Nous avons tous un rôle à jouer
- **25 minutes :** Activité nº 9 : Il y a toujours une autre histoire

RÉFÉRENCES

SECTION 5

RÉFÉRENCES

Arboleda-Flórez, J.E. et H.L. Stuart. *A public health perspective on violent offenses among persons with mental illness*, Psychiatric Services, 2001, 52, p. 654-659.

Allemang, J. « *I was in bad shape for a long time, she says. 'It took me years to stop being angry, and I'm not over being hurt yet* », The Globe and Mail, 26 juin 2004, p. F1.

Arnold, J. et N. Weinerth. *Challenging Stereotypes: An Action Guide*, Rockville, MD, Substance Abuse and Mental Health Services Administration Center for Mental Health Service, U.S. Department of Health and Human Services, 2001.

BC Partners for Mental Health and Addictions Information. *Stigma and Discrimination around Mental Disorders and Addictions*, 2003. Extrait le 19 janvier 2005 de www.heretohelp.bc.ca/publications/factsheets/stigma.shtml/

BC Partners for Mental Health and Addictions Information. *Suicide: Following the Warning Signs*, 2003. Extrait le 19 janvier 2005 de www.heretohelp.bc.ca/publications/factsheets/suicide.shtml.

Brands, B., B. Sproule et J. Marshman (éditeurs). *Drugs & Drug Abuse* (3e édition), Toronto, Fondation de la recherche sur la toxicomanie, 1998.

Conseil canadien de la sécurité, 2004, www.safety-council.org.

Centre de toxicomanie et de santé mentale. *Fundamental Concepts in Mental Health*, Toronto, CAMH, 2001.

Centre de toxicomanie et de santé mentale. *Défis et décisions : Trouver des services de santé mentale en Ontario*, Toronto, CAMH, 2003.

EmployAbilities: EMPLOYment Resources for Persons with disabilities. Frequently Asked Questions—What is a disability ? Extrait le 18 janvier 2005 de www.employabilities.ab.ca/faq.htm#quest1.

Friend, T. *Jumpers: The fatal grandeur of the Golden Gate Bridge*, The New Yorker, 13 octobre 2003.

Goffman, E. *Stigma: Notes on the Management of Spoiled Identity*, Englewood Cliffs, NJ, Prentice-Hall, 1963.

Canada. *Meilleures pratiques : Troubles concomitants de santé mentale et d'alcoolisme et de toxicomanie*, Ottawa, Santé Canada, 2001.

Hubble, M.A., B.L. Duncan et S.D. Miller (éditeurs). *The Heart and Soul of Change: What Works in Therapy*, Washington, DC, American Psychological Association, 2001.

Kittel Canale, M. *Stigma of Addiction: Final Report*, Toronto, Centre de toxicomanie et de santé mentale, 2001.

Leavey, J.E. *The meaning of mental illness to youth: Exploring the psychosocial effects of mental illness on identity and life cycle development in youth aged 17–24*, dissertation de doctorat, Université de Toronto, 2003.

Link, B.G., E.L. Struening, M. Rahav, J.C. Phelan et L. Nuttbrock. *On stigma and its consequences: Evidence from a longitudinal study of men with dual diagnoses of mental illness and substance abuse*, Journal of Health & Social Behavior, 1997, 38(2), p. 177–190.

Mattison, K. (producteur) et N. Platt (réalisateur). *Myths about madness: Challenging stigma and changing attitudes*, Mental Health Media, distribution en Amérique du Nord : Films for the Humanities and Sciences, Princeton, NJ, 1998.

Narrative Therapy Centre of Toronto. Extrait le 18 janvier 2005 de www.narrativetherapycentre.com/index_files/Page378.htm.

O'Grady, C. *Stigma as experienced by family members of people with severe mental illness: The impact of participation in self-help/mutual aid support groups*, dissertation de doctorat non publiée, Université de Toronto, 2004.

Penn, D. et J. Martin. *The stigma of severe mental illness: Some potential solutions for a recalcitrant problem*, Psychiatric Quarterly, 1998, 69(3), p. 235-247.

Pinfold, V., P. Huxley, G. Thornicroft, P. Farmer, H. Toulmin et T. Graham. *Reducing psychiatric stigma and discrimination: Evaluating an educational intervention with the police force in England,* Social Psychiatry & Psychiatric Epidemiology, 2003, 38(6), p. 337–344.

Pompili, M., I. Mancinelli et R. Tatarelli. *Stigma as a cause of suicide,* British Journal of Psychiatry, 2003, 183(2), p. 173–174.

Rassool, G. *Substance misuse and mental health: An overview,* Nursing Standard, 2002, 16(50), p. 46–52.

Reiger, D.A., M.E. Farmer, D.S. Rae, B.Z. Locke, S.J. Keith, L.L. Judd et coll. *Co-morbidity of mental disorders with alcohol and other drug abuse: Results from the Epidemiological Catchment Area (ECA) study,* Journal of the American Medical Association, 1990, 264, p. 2511–2518.

Ritson, E.B. *Alcohol, drugs and stigma,* International Journal of Clinical Practice, 1999, 53(7), p. 549–551.

Schechter, D.S. *Intergenerational communication of maternal violent trauma: Understanding the interplay of reflective functioning and post traumatic psychopathology,* 2003, dans Coates, S.W., J.L. Rosenthal et D.S. Schechter (éditeurs). *September 11: Trauma and Human Bonds,* Hillsdale, NJ, Analytic Press, p. 115–142.

Simmie, S. et J. Nunes. *Beyond Crazy: Journeys through Mental Illness,* Toronto, McLelland and Stewart, 2002.

Skinner, W.J., C.P. O'Grady, C. Bartha et C. Parker. *Les troubles concomitants de toxicomanie et de santé mentale : Guide d'information,* Toronto, Centre de toxicomanie et de santé mentale, 2004.

Stuart, H. et J. Arboleda-Flórez. *Community attitudes toward people with schizophrenia,* Revue canadienne de psychiatrie, 2001, 46(3), p. 245–252.

Substance Abuse and Mental Health Services Administration. *Report to Congress on the Prevention and Treatment of Co-occuring Substance Use Disorders and Mental Disorders,* Washington, D.C, SAMHSA, 2002.

LEXIQUE

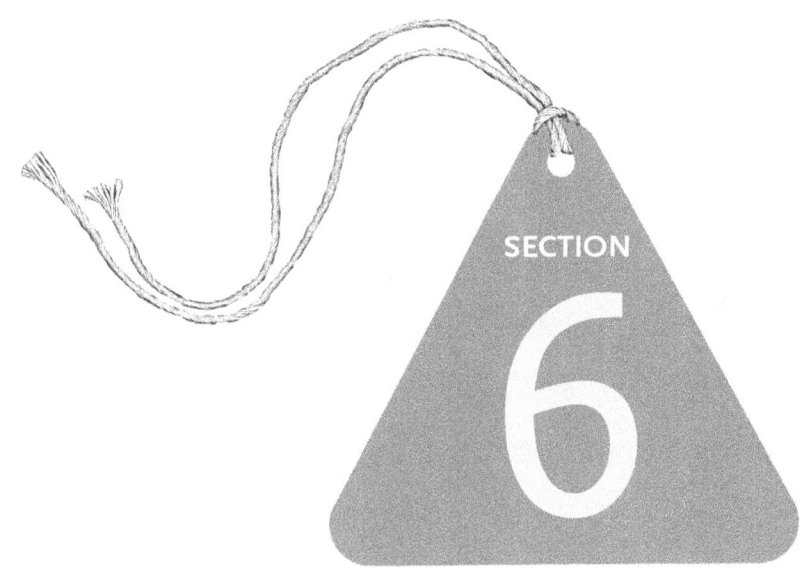

LEXIQUE

Abstinence : Ne pas consommer une substance ou ne pas adopter un comportement.

Abus d'alcool et d'autres drogues : Expression générale décrivant divers types de consommation d'alcool et d'autres drogues, allant d'une consommation modérée à un usage problématique.

Dépression : Humeur sombre et triste s'accompagnant de symptômes comme la perte d'intérêt ou de plaisir dans la vie ; l'irritabilité ; la tristesse ; des difficultés à dormir ou un sommeil excessif ; une diminution ou une augmentation de l'appétit ; de la difficulté à se concentrer ; un sentiment d'être bon à rien ; de la culpabilité ; et, dans certains cas, des pensées suicidaires.

Discrimination : Action préjudiciable comme le refus d'accorder un emploi ou un logement à une personne, de prendre des mesures d'adaptation ou de lui fournir d'autres services en raison de sa race, de sa culture, de son orientation sexuelle, d'un handicap, de son âge, de son sexe, de sa situation économique, etc. La discrimination peut être voilée ou systémique, intentionnelle ou involontaire.

Handicap : Limite ou restriction fonctionnelle de la capacité d'une personne de se livrer à une activité. Les handicaps peuvent être visibles (peuvent être vus) ou invisibles (ne peuvent être vus). Les handicaps visibles comprennent les handicaps physiques comme la paralysie, l'amputation ou les troubles de mobilité et les déficiences sensorielles comme la cécité, la déficience visuelle, la surdité ou la déficience auditive. Les handicaps invisibles comprennent les retards de développement, les troubles de santé mentale, les troubles d'apprentissage et les troubles médicaux comme le diabète et l'épilepsie (EmployAbilities, 2005).

Mythe : Croyance qui ne repose pas sur un fait.

Opinion préconçue : État d'esprit ou attitude qui fait en sorte qu'une personne ou un groupe considère une autre personne ou un autre groupe comme inférieur malgré l'absence de preuves légitimes ou suffisantes.

Préjugé : Perception négative des personnes ayant des problèmes de toxicomanie ou de santé mentale attribuable et menant à une opinion préconçue et à un comportement discriminatoire injuste.

Problème de santé mentale : Perturbation des pensées et des émotions qui nuit à la capacité d'une personne de composer avec les défis du quotidien.

Rechute : Réapparition des symptômes du problème de santé mentale ou du problème de toxicomanie, ou de ces deux problèmes.

Réduction des méfaits : Politique ou programme visant à atténuer les conséquences négatives de la toxicomanie sur le plan social, économique et de la santé sans avoir recours à l'abstinence (bien que l'abstinence puisse être une des stratégies).

Rétablissement : Sur le plan historique, ce terme a eu des connotations différentes dans le contexte du traitement de la toxicomanie et des troubles de santé mentale. Le rétablissement est un cheminement, non une destination. Les personnes en voie de rétablissement trouvent un nouveau sens à leur vie lorsqu'elles apprennent à se remettre des effets des problèmes de toxicomanie ou de santé mentale. C'est une façon de vivre une vie gratifiante, créative et pleine d'espoir malgré les limites imposées par la maladie.

Schizophrénie : Trouble complexe de santé mentale caractérisé par des idées délirantes, des hallucinations et des troubles de la pensée et de communication. Les idées délirantes sont des croyances ou des interprétations erronées des situations et des expériences. On entend par hallucinations le fait de voir, d'entendre, de ressentir ou de goûter une chose pour laquelle il n'y a pas de cause externe. La schizophrénie est associée à une détérioration de la capacité d'une personne de fonctionner au travail, à l'école ou sur le plan social.

Stéréotype : Conception erronée ou généralisée d'un groupe de personnes qui entraîne une catégorisation consciente ou inconsciente de chaque membre du groupe sans tenir compte des différences individuelles.

Thérapie du récit : Démarche axée sur le respect et la collaboration où on ne jette pas de blâme et que l'on utilise pour le counseling et le travail communautaire. Essentiellement, le modèle de thérapie du récit ne met pas l'accent sur des « experts » réglant les problèmes mais sur les personnes qui découvrent, par la conversation, les nouvelles possibilités prometteuses, jusque là insoupçonnées, qui se trouvent en elles-mêmes (Narrative Therapy Centre de Toronto, 2005).

Toxicomanie : État de dépendance à l'égard d'une drogue qui fait en sorte que la personne continue de prendre la substance malgré les problèmes considérables causés par cette consommation, qui peuvent comprendre une détérioration de la santé physique ou mentale, du bien-être social ou du fonctionnement économique (Brands, Sproule et Marshman, 1998).

Trouble bipolaire : Alternance de la dépression, de l'humeur « normale » et de l'état maniaque.

Trouble de la personnalité limite : Trouble caractérisé par des relations intenses et chaotiques, des attitudes extrêmes à l'égard d'autrui, des comportements autodestructeurs, une instabilité affective, un caractère impulsif et un sentiment d'identité mal défini. La personne peut être chroniquement en colère ou déprimée et peut éprouver des symptômes psychotiques lorsqu'elle prend de l'alcool ou d'autres substances (CAMH, 2001).

Troubles concomitants : Toute combinaison de problèmes de toxicomanie et de santé mentale.

ANNEXES : RENSEIGNEMENTS GÉNÉRAUX SUR LES TROUBLES CONCOMITANTS ET LES PRÉJUGÉS

SECTION 7

L'animateur peut utiliser les renseignements suivants sur les troubles concomitants et les préjugés comme ressource ou pour produire des documents qu'il remettra aux participants à l'atelier.

PARLONS FRANCHEMENT DES TROUBLES CONCOMITANTS

Les renseignements suivants sur les troubles concomitants sont extraits du document intitulé *Les troubles concomitants de toxicomanie et de santé mentale : Guide d'information* (Skinner et coll., 2004) et ont été adaptés aux fins du présent document.

QUE SONT LES TROUBLES CONCOMITANTS ?

On utilise l'expression « troubles concomitants » au Canada pour décrire un ensemble de troubles de toxicomanie et de santé mentale. Les troubles concomitants peuvent comprendre les ensemble de troubles suivants :

- un trouble de l'angoisse et un problème d'alcool ;
- une schizophrénie et une dépendance au cannabis ;
- un trouble de la personnalité limite et une dépendance à l'héroïne ;
- une dépression et une dépendance aux somnifères.

Lorsqu'il y a abus grave d'alcool et d'autres drogues, on peut diagnostiquer un « *trouble* lié à l'abus d'alcool et d'autres drogues » et lorsqu'il y a un problème grave de santé mentale, on peut diagnostiquer un « *trouble* de santé mentale ». Toutefois, les symptômes et les problèmes peuvent varier de bénins à graves. Si le problème est bénin, il se peut qu'on considère qu'il ne s'agit pas d'un trouble, même si ce problème affecte la vie du client. L'expression « troubles concomitants » décrit tout ensemble de problèmes de toxicomanie et de santé mentale.

On utilise parfois les expressions « troubles jumelés » et « cas de double diagnostic » pour parler des troubles concomitants. En Ontario, on utilise l'expression « double diagnostic » pour décrire les personnes ayant un handicap intellectuel et un problème de santé mentale.

LES TROUBLES CONCOMITANTS SONT-ILS COURANTS ?

Les personnes qui ont un problème de santé mentale risquent davantage d'avoir également un problème d'abus d'alcool et d'autres drogues, tout comme les personnes ayant un problème d'abus d'alcool et d'autres drogues risquent davantage d'avoir un problème de santé mentale.

Selon une vaste étude réalisée aux États-Unis (Reiger et coll., 1990) :

- 30 pour 100 des personnes chez lesquelles on a diagnostiqué un trouble de santé mentale auront un trouble lié à l'abus d'alcool et d'autres drogues au cours de leur vie. Ce taux est près de deux fois supérieur au taux relevé chez les personnes n'ayant pas eu de trouble de santé mentale au cours de leur vie.
- 37 pour 100 des personnes chez lesquelles on a diagnostiqué un trouble lié à l'abus d'alcool auront un trouble de santé mentale au cours de leur vie. Ce taux est près de deux fois celui relevé chez les personnes n'ayant pas eu de trouble lié à l'abus d'alcool et d'autres drogues au cours de leur vie.
- 53 pour 100 des personnes chez lesquelles on a diagnostiqué un trouble lié à l'abus de drogues (autres que l'alcool) auront un trouble de santé mentale au cours de leur vie. Ce taux est près de quatre fois supérieur au taux relevé chez les personnes n'ayant pas eu un trouble lié à l'abus d'alcool et d'autres drogues au cours de leur vie.

Les ensembles de troubles les plus courants sont les suivants :

- troubles liés à l'abus d'alcool et d'autres drogues + troubles de l'angoisse ;
- troubles liés à l'abus d'alcool et d'autres drogues + troubles de l'humeur.

Troubles de l'angoisse
- En général, de 10 à 25 pour 100 des gens auront un trouble de l'angoisse au cours de leur vie.
- Vingt-quatre pour cent des personnes ayant eu un trouble de l'angoisse auront un trouble lié à l'abus d'alcool et d'autres drogues.

Dépression majeure
- En général, de 15 à 20 pour 100 des gens vivront une dépression majeure au cours de leur vie.
- Vingt-sept pour cent des personnes ayant vécu une dépression majeure auront un trouble lié à l'abus d'alcool et d'autres drogues au cours de leur vie.

Trouble bipolaire
- De 1 à 2 pour 100 des gens ont un trouble bipolaire.
- Cinquante-six pour cent des personnes ayant eu un trouble bipolaire auront un trouble lié à l'abus d'alcool et d'autres drogues au cours de leur vie. Ce pourcentage est plus de trois fois supérieur à la moyenne.

Schizophrénie
- Un pour cent de la population vit avec la schizophrénie.
- Quarante-sept pour cent des personnes vivant avec la schizophrénie auront un trouble lié à l'abus d'alcool et d'autres drogues au cours de leur vie. Ce pourcentage est près de trois fois supérieur à la moyenne.

Il n'y a pas de cause simple dans les cas de troubles concomitants. Chaque personne qui en est atteinte vit une situation qui lui est propre. Certaines personnes qui ont un problème de santé mentale consomment de l'alcool ou d'autres drogues pour se sentir mieux. Pour d'autres, des facteurs biologiques sont en cause. Il se peut qu'un événement causant un traumatisme affectif ou physique précède l'apparition des troubles concomitants.

Les gens se demandent souvent ce qui survient en premier : le problème de santé mentale ou la toxicomanie ? C'est difficile à dire. Dans bien des cas, il est plus utile de les considérer comme des problèmes indépendants qui interagissent entre eux.

DE QUELLE FAÇON LES PROBLÈMES INTERAGISSENT-ILS ?

Les problèmes de santé mentale et la toxicomanie peuvent interagir, et ce de plusieurs façons :

- une toxicomanie peut aggraver les problèmes de santé mentale ;
- une toxicomanie peut imiter ou masquer les symptômes des problèmes de santé mentale ;
- certaines personnes consomment de l'alcool ou d'autres drogues pour « soulager » ou oublier les symptômes de problèmes de santé mentale ;
- l'alcool et les autres drogues peuvent réduire l'efficacité des médicaments que prennent les personnes ayant des problèmes de santé mentale ;
- les personnes qui consomment de l'alcool ou d'autres drogues peuvent oublier de prendre leurs médicaments, ce qui peut faire réapparaître les problèmes de santé mentale (rechute) ou aggraver ces problèmes ;
- si l'un des problèmes réapparaît, il peut provoquer les symptômes de l'autre problème.

Dans bien des cas, les personnes ayant des troubles concomitants auront des problèmes médicaux, sociaux et affectifs plus graves que si elles étaient atteintes d'un seul trouble. Le traitement peut être plus long et plus difficile, mais le rétablissement est possible.

COMMENT TRAITER LES TROUBLES CONCOMITANTS ?

Dans bien des cas, les personnes ayant des troubles concomitants doivent se rendre à un endroit pour recevoir un traitement pour la santé mentale et à un autre endroit pour recevoir un traitement pour la toxicomanie. Parfois, ces services ne sont pas reliés entre eux.

Or, il y a souvent des liens entre les problèmes de santé mentale et les problèmes d'abus d'alcool et d'autres drogues, et ces problèmes interagissent. Les chances de réussite sont meilleures lorsque le traitement de ces deux types de problèmes a lieu en même temps et de façon coordonnée. Le traitement dépend généralement de la nature et de la gravité des problèmes. Il peut être psychosocial ou biologique ou, dans bien des cas, regrouper ces deux types de traitement.

Les clients qui ont à la fois de graves problèmes de santé mentale et une toxicomanie grave peuvent avoir besoin d'un *traitement intégré*. Cette approche permet de s'assurer que les clients reçoivent tous les traitements dont ils ont besoin de façon efficace et coordonnée. De plus, elle permet aux clients de recevoir non seulement des traitements pour les troubles concomitants, mais aussi de l'aide pour d'autres aspects de leur vie comme le logement et l'emploi. Ce soutien permanent les aide à :

- maintenir les bons résultats des traitements ;
- prévenir les rechutes ;
- fait en sorte que leurs besoins fondamentaux sont satisfaits.

Le traitement intégré donne de meilleurs résultats si le client a établi depuis longtemps une relation stable avec un *gestionnaire de cas* en qui il a confiance. Cette personne est un professionnel de la santé comme un agent chargé du dossier ou un thérapeute. Même si une seule personne supervise le traitement du client, ce dernier peut bénéficier de l'appui d'une équipe de professionnels comme des psychiatres, des travailleurs sociaux et des thérapeutes en toxicomanie.

Si les services de traitement ne sont pas tous dispensés au même endroit, les responsables de divers programmes peuvent coordonner ensemble le traitement. Par exemple, le thérapeute en toxicomanie peut poser des questions à ses nouveaux clients pour déterminer s'ils ont également des problèmes de santé mentale. Si tel est le cas, il peut soit traiter les problèmes de santé mentale, soit diriger ses clients vers un organisme de santé mentale et collaborer avec cet organisme. Les thérapeutes des deux organismes se consulteraient régulièrement pour suivre les progrès réalisés par leurs clients.

OBJECTIFS DE TRAITEMENT

Auparavant, les systèmes de traitement de la toxicomanie et des problèmes de santé mentale considéraient et traitaient chacun des problèmes de façon différente, ce qui a pu créer une confusion dans l'esprit de certains clients qui recevaient des traitements de ces deux systèmes. Par exemple :

- Un grand nombre de services de traitement de la toxicomanie sont d'avis que réduire la consommation d'alcool et d'autres drogues est un objectif réaliste pour les clients au début du traitement. C'est ce qu'on appelle la réduction des méfaits. À mesure que le client poursuit son traitement, l'abstinence peut devenir son objectif à long terme. Toutefois, certains responsables de programmes de santé mentale demandent à leurs clients d'arrêter complètement de consommer de l'alcool ou d'autres drogues avant de commencer leur traitement.
- Un grand nombre de problèmes de santé mentale peuvent être traités par des médicaments. Toutefois, dans le cadre de certains programmes de traitement de la toxicomanie, on tente d'aider le client à arrêter de prendre des drogues et des médicaments, y compris ceux servant à traiter les problèmes de santé mentale.

Heureusement, le personnel de nombreux programmes de santé mentale et de traitement de l'alcoolisme et de la toxicomanie travaillent maintenant en plus étroite collaboration de sorte que les clients remarqueront moins de différences comme celles décrites précédemment.

Le but ultime du traitement est d'amener les clients à :

- déterminer ce que signifie pour eux un avenir prometteur ;
- trouver des moyens de mener une vie saine.

Pour plus de renseignements sur les troubles concomitants, reportez-vous à l'annexe D : Ressources suggérées.

PARLONS FRANCHEMENT DES PRÉJUGÉS

QU'EST-CE QU'UN PRÉJUGÉ ?

Un préjugé est une étiquette mise par la société qui renvoie à des attitudes négatives qu'adoptent les gens envers des personnes qu'ils considèrent comme « différentes » d'eux-mêmes. Il prend la forme d'un parti pris, d'une méfiance, d'un stéréotype, d'une peur, d'un embarras, d'une colère ou d'un comportement d'évitement. Il peut amener des personnes à éviter de vivre ou de travailler avec celui qui fait l'objet du préjugé, de fréquenter cette personne, de lui louer un appartement ou de lui offrir un emploi (Penn et Martin, 1998).

Le préjugé fait partie d'un cycle. Il mène et est attribuable à une opinion préconçue et à un comportement discriminatoire. Le préjugé est une marque négative (on utilise parfois le terme stigmate, par analogie avec le sens premier de ce terme, qui signifie une marque laissée sur la peau). L'opinion préconçue débouche sur le préjugé et en découle et la discrimination est le comportement associé au préjugé.

Dans le présent document, on utilise les termes préjugé, opinion préconçue et discrimination pour décrire les attitudes et les comportements qui blessent, ébranlent ou oppriment les personnes vivant avec des problèmes de toxicomanie et de santé mentale.

À QUI LES PRÉJUGÉS FONT-ILS DU MAL ?

Les préjugés affectent toutes les personnes à qui on met les étiquettes qui y sont associées. Au cours des 40 dernières années, on a mieux réussi à neutraliser les opinions préconçues et la discrimination dont font l'objet d'autres groupes – comme les groupes ethnoculturels, les personnes ayant un handicap physique et les communautés gai, lesbienne, bisexuelle et transgenderiste – que les opinions préconçues et la discrimination dont font l'objet les personnes ayant des problèmes de toxicomanie ou de santé mentale, ou les deux. Ces problèmes sont un des derniers domaines où il est généralement acceptable d'avoir des préjugés.

Les préjugés affectent non seulement la personne à qui une étiquette a été mise, mais aussi les êtres qui lui sont chers, les personnes qui prennent soin d'elle et ses enfants, qui peuvent dépendre d'elle pour les nécessités de la vie. Les thérapeutes, les travailleurs sociaux, les préposés aux soins personnels, les infirmières et infirmiers en toxicomanie et santé mentale, les parents, les amis, les voisins, les enseignants et les enfants d'une personne ayant des troubles concomitants peuvent tous ressentir les effets, directement ou indirectement, des opinions préconçues et de la discrimination. Le sociologue américain Erving Goffman (1963) appelle ces préjugés par association les « préjugés de courtoisie ».

POURQUOI Y A-T-IL DES PRÉJUGÉS ?

Selon le sociologue Erving Goffman, les préjugés sont un attribut qui discrédite (1963). Dans notre esprit, celui ou celle qui est visé par cet attribut, qui était une personne ordinaire et entière, devient une personne suspecte dont on ne tient pas compte. Plusieurs facteurs expliquent pourquoi les personnes ayant des troubles concomitants font l'objet de préjugés :

- **La peur.** Dans ce cas, la peur découle d'une perception erronée selon laquelle les personnes ayant des problèmes co-occurrents de toxicomanie et de santé mentale sont plus dangereuses que d'autres groupes. Un grand nombre de personnes craignent de « perdre la boule ». Le fait de voir une personne qui a perdu le contrôle de ses facultés est une expérience très pénible. Pour y faire face, certaines personnes jettent le blâme sur quelqu'un ou prennent leurs distances. Le fait que même les chercheurs ne comprennent pas bien la nature et les effets de la maladie mentale, de la toxicomanie et des troubles concomitants contribue à la peur qu'on ressent face aux personnes ayant des problèmes de toxicomanie et de santé mentale.
- **La perturbation de l'interaction sociale** attribuable au fait que certains des symptômes des problèmes concomitants de toxicomanie et de santé mentale peuvent affecter les aptitudes sociales, la dignité ou l'apparence de la personne, de sorte que certains estiment qu'il est difficile d'établir des rapports avec elle ou qu'elle n'est pas digne de confiance.

- **L'attribution de la responsabilité.** On entend par cela le fait de jeter le blâme sur la personne vivant avec des problèmes co-occurrents de toxicomanie et de santé mentale et de supposer qu'elle n'est pas assez disciplinée ou qu'elle n'a pas la volonté ou le désir nécessaires pour se rétablir.
- **La perception d'un pronostic pessimiste.** Mythe profondément ancré selon lequel la plupart des maladies mentales et des dépendances à l'égard de l'alcool ou d'autres drogues sont incurables et que l'avenir est sans espoir pour les personnes aux prises avec ces maladies et dépendances.

QUI A DES PRÉJUGÉS ?

Dans une certaine mesure, nous avons tous des préjugés, que nous en soyons conscients ou non. Les médias peuvent créer des préjugés mais ils en sont également les témoins. Le cinéma, la télévision, les livres et les magazines, qu'ils s'adressent aux adultes ou aux enfants, renforcent continuellement les stéréotypes négatifs. Dans bien des cas, les personnes ayant des problèmes de toxicomanie et de santé mentale ne sont pas présentées comme ayant des troubles complexes et douloureux, mais plutôt comme des personnes qui sont dangereuses, drôles ou que l'on doit blâmer.

Ritson (1999) note que le grand public a souvent des préjugés à l'endroit des personnes ayant des problèmes de toxicomanie et de santé mentale. Il suggère que, dans les professions d'assistance à autrui, les attitudes négatives à l'endroit des clients s'expliquent de plusieurs façons. Ces attitudes peuvent découler de perceptions erronées ou de l'impression de ne pas être à la hauteur, ainsi que de la frustration et de la déception que ressentent les professionnels lorsqu'ils travaillent avec des clients ayant des besoins complexes. Il faut se pencher sur ces trois derniers facteurs et sur les besoins en matière d'éducation et de formation pour aider les fournisseurs de services travaillant dans le domaine des troubles concomitants.

COMMENT LES PRÉJUGÉS FONT-ILS DU MAL ?

Les préjugés ne sont pas problématiques uniquement parce qu'ils blessent. Ils affectent la capacité d'une personne de participer pleinement à la vie de la société ; ils peuvent entraîner des problèmes de toxicomanie et de santé mentale ou accroître la gravité de ces problèmes ; et ils peuvent amener la personne qui subit des préjugés à mettre fin à des relations ou à cesser d'utiliser des services qui pourraient lui être utiles. Les préjugés peuvent créer des entraves à plusieurs égards, notamment pour ce qui est d'occuper un emploi, d'avoir un logement, d'accéder à des services et de nouer des relations sociales.

Une étude (Leavey, 2003) menée auprès de jeunes de la région de Toronto ayant des problèmes de santé mentale a révélé que la plupart d'entre eux se sentaient stigmatisés et étiquetés et avaient vu plusieurs aspects de leur identité disparaître, par exemple sur le plan de la famille, des choix de carrière, du niveau scolaire et du rang social.

Des chercheurs canadiens ont mené une enquête sur les attitudes du public à l'égard des personnes vivant avec la schizophrénie (Stuart et Arboleda-Flórez, 2001). Lors de cette enquête, une personne sur cinq a déclaré qu'elle serait sans doute incapable de maintenir des liens d'amitié avec une personne vivant avec la schizophrénie, la moitié des répondants ont déclaré qu'ils seraient sans doute incapables de partager un logement avec une personne vivant avec la schizophrénie et les trois quarts des répondants ont déclaré qu'ils seraient sans doute incapables d'épouser une personne vivant avec la schizophrénie.

Des chercheurs américains (Link et coll., 1997) ont interviewé des personnes qui avaient eu des problèmes concomitants de toxicomanie et de santé mentale. Les répondants ont mentionné les exemples suivants de discrimination :

- 6 pour 100 ont déclaré qu'on leur avait refusé un traitement médical ;
- 16 pour 100 ont déclaré qu'on leur avait refusé un appartement ;
- 24 pour 100 ont déclaré qu'on leur avait versé un salaire inférieur parce qu'ils avaient des antécédents d'abus d'alcool ou d'autres drogues.

Un grand nombre de personnes qui font l'objet de préjugés disent qu'elles ressentent de la honte, de l'angoisse, de la frustration, de l'impuissance, de la peur et du mal et qu'elles sont déprimées. Avec le temps, il se peut que les personnes ayant des troubles concomitants croient aux stéréotypes négatifs dont elles font l'objet et qu'elles intériorisent un sentiment de désespoir ou de honte au lieu de blâmer le système. Il n'est donc guère étonnant de constater que plusieurs autres études ont démontré qu'il y avait un lien étroit entre les préjugés et la dépression. En fait, une étude réalisée au Royaume-Uni (Pompili et coll., 2003) a établi un lien entre les préjugés et une hausse du risque de suicide.

PARLONS FRANCHEMENT DES PRÉJUGÉS ET DES TROUBLES CONCOMITANTS

LES PRÉJUGÉS ET LES TROUBLES CONCOMITANTS : UN TRIPLE FARDEAU

Un grand nombre de personnes vivant avec un problème de toxicomanie ou de santé mentale disent qu'elles ont l'impression de porter un « double fardeau » : leur maladie et les préjugés qui l'accompagnent. Les préjugés auxquels font face les personnes ayant des troubles concomitants sont particulièrement débilitants. On peut dire que ces clients portent non pas un double fardeau mais un triple fardeau. Les personnes vivant avec des problèmes concomitants de toxicomanie et de santé mentale doivent faire face à des préjugés encore plus nombreux, et ce pour les raisons suivantes :

- la perception selon laquelle les personnes vivant avec un problème de toxicomanie ou de santé mentale sont dangereuses et selon laquelle les personnes ayant ces deux problèmes sont encore plus dangereuses ;
- l'idée selon laquelle les personnes qui consomment de l'alcool ou d'autres drogues à mauvais escient enfreignent la loi et ne méritent pas de recevoir de traitement pour leur problème de santé mentale ;
- l'idée selon laquelle les personnes qui prennent de l'alcool ou d'autres drogues ne se maîtrisent pas ;
- le fait que la consommation de certaines substances peut accroître la possibilité de contracter des maladies comme le VIH/sida et l'hépatite C ;
- la croyance selon laquelle il est impossible pour une personne ayant un problème de santé mentale de se remettre de troubles concomitants ;
- le fait que, comme la prestation des soins est souvent fragmentée, les problèmes de toxicomanie et de santé mentale risquent d'être traités dans des milieux différents par des groupes différents de professionnels qui ne communiquent pas les uns avec les autres ;

- le fait que chaque problème risque d'intensifier les effets de l'autre problème, ce qui pourrait avoir un effet négatif sur les aptitudes sociales du client et accroître le nombre de ses symptômes visibles.

Dans bien des cas, le diagnostic de troubles concomitants est bénéfique, car il permet de reconnaître qu'il s'agit de maladies réelles pouvant être traitées. Toutefois, si on utilise ce diagnostic sans y réfléchir, on peut faire en sorte qu'une étiquette sera mise aux personnes vivant avec ces troubles, ce qui intensifiera les effets des préjugés. Pour un grand nombre de personnes, cette nouvelle étiquette ou ce diagnostic peut ajouter un niveau de préjugés à une vie déjà complexe.

FAIRE L'OBJET DE PLUSIEURS « NIVEAUX » DE PRÉJUGÉS

Chaque personne est unique. Par conséquent, les catégories de diagnostic ne peuvent tenir compte des expériences individuelles. La catégorie des troubles concomitants est utile en tant que concept général, mais il est fort probable qu'une personne vivant avec des problèmes de toxicomanie et de santé mentale vivra également avec d'autres problèmes, qu'elle assumera d'autres identités et qu'elle devra constamment relever des défis, comme c'est le cas pour le reste de la société.

Le fait de vivre avec des troubles concomitants ne signifie pas pour autant que d'autres « étiquettes », comme l'orientation sexuelle, l'appartenance à un groupe ethnique ou culturel, un handicap physique ou la situation économique, n'ont pas également des effets considérables.

Lors des recherches qu'elle a effectuées aux fins de sa thèse de doctorat, Caroline O'Grady, qui travaille à CAMH, a interviewé plusieurs personnes pour déterminer dans quelle mesure les facteurs culturels ont compliqué leur expérience des problèmes de toxicomanie ou de santé mentale. Un grand nombre d'entre elles ont déclaré que des tabous culturels liés à leurs problèmes avaient nui à leur capacité de parler de leur situation à des amis et des membres de leur famille. Ces personnes ont également déclaré que certains groupes de soutien sont constitués surtout de personnes plus instruites, plus riches ou ne faisant pas partie d'une minorité visible, de sorte qu'il est difficile pour plusieurs de s'y sentir à l'aise.

Pour plus de renseignements sur les préjugés, reportez-vous à l'annexe D, Ressources suggérées.

RESSOURCES SUGGÉRÉES

Vous trouverez ci-après divers types de ressources, qui pourraient vous être utiles. Le fait que la liste de ressources met l'accent sur les préjugés associés aux problèmes de santé mentale indique qu'on effectue davantage de recherche et que les groupes d'intervention sont plus actifs dans ce domaine comparativement à ce qui se passe dans le domaine des préjugés associés à la toxicomanie ou aux troubles concomitants.

SITES WEB

ADS Center: Resource Center to Address Discrimination and Stigma
www.adscenter.org

BC Partners for Mental Health and Addictions Information
www.heretohelp.bc.ca

Centre de toxicomanie et de santé mentale
www.camh.net

Chicago Consortium for Stigma Research
www.stigmaresearch.org

Double Trouble in Recovery
www.doubletroubleinrecovery.org

Faces and Voices of Recovery
www.facesandvoicesofrecovery.org

Global Business and Economic Roundtable on Addiction and Mental Health
www.mentalhealthroundtable.ca

Harvard Medical School Center for Mental Health and Media
www.mentalhealthandmedia.org

The National Mental Health Consumers' Self-Help Clearinghouse
www.mhselfhelp.org

National Alliance for the Mentally Ill (États-Unis)
www.nami.org

NIMHE Anti Stigma and Discrimination Programme
www.nimhe.org.uk

Royal College of Psychiatrists (Royaume-Uni)
www.rcpsych.ac.uk/campaigns/cminds/index.htm

Schizophrenia—Open the Doors
www.openthedoors.com

Une communauté pour tous
www.weallbelong.ca

ORGANISATIONS

Association canadienne pour la santé mentale, Division de l'Ontario
180, rue Dundas Ouest
Bureau 2301
Toronto ON M5G 1Z8
Tél. : 416 977-5580 / Sans frais (en Ontario) : 1 800 875-6213
Site Web : www.ontario.cmha.ca

Centre de toxicomanie et de santé mentale
33, rue Russell
Toronto ON M5S 2S1
Renseignements : 1 800 463-6273 / À Toronto : 416 595-6111
Site Web : www.camh.net

Mood Disorders Association of Ontario
40, boulevard Orchard View
Bureau 222
Toronto ON M4R 1B9
Tél. : 416 486-8046 / Sans frais : 1 888 486-8236
Site Web : www.mooddisorders.on.ca

RAPPORTS

Fulton, R. *Stigma of Substance Use and Attitudes of Professionals: A Review of the Literature*, Toronto, Centre de toxicomanie et de santé mentale, 2001.

Canada. *Meilleures pratiques : Troubles concomitants de santé mentale et d'alcoolisme et de toxicomanie*, Ottawa, Santé Canada, 2001.

Kittel Canale, M. *Stigma of Addiction: Final Report*, Toronto, Centre de toxicomanie et de santé mentale, 2001.

Scheffer, R. *Addressing Stigma: Increasing Public Understanding of Mental Illness*, Toronto, Centre de toxicomanie et de santé mentale, 2003.

Scheffer, R. *Stigma and Mental Illness: A Literature Review and Environmental Scan*, Toronto, Centre de toxicomanie et de santé mentale, 2003.

LIVRES

Corrigan, P. et R. Lundin. *Don't Call Me Nuts! Coping with the Stigma of Mental Illness*, Chicago, Recovery Press, 2000.

Philo, G. (éditeurs). *Media and Mental Distress*, The Glasgow University Media Group, New York, Addison Wesley Longman, 1996.

Simmie, S. et J. Nunes. *Beyond Crazy: Journeys through Mental Illness*, Toronto, McLelland and Stewart, 2002.

Simmie, S. et J. Nunes. *The Last Taboo: A Survival Guide to Mental Health Care in Canada*, Toronto, McLelland and Stewart, 2002.

Wahl, O. *Media Madness: Public Images of Mental Illness*, New Brunswick, NJ, Rutgers University Press, 1995.

Wahl, O. *Telling Is Risky Business: Mental Health Consumers Confront Stigma*, New Brunswick, NJ, Rutgers University Press, 1999.

Annexe D : Ressources suggérées

LIVRETS ET TROUSSES D'INFORMATION

Challenging Stereotypes: An Action Guide
U.S. Substance Abuse and Mental Health Services Administration
www.mentalhealth.org/publications/allpubs/SMA01-3513/Default.asp

Guide sur les moyens de réduire les obstacles découlant des opinions préconçues et de la discrimination auxquels font face les personnes vivant avec une maladie mentale

Parlons de la maladie mentale
Centre de toxicomanie et de santé mentale
http://www.camh.net/pdf/tami_communitygdefr.pdf
http://www.camh.net/pdf/tami_teachersgdefr.pdf

Guide sur l'élaboration d'un programme de sensibilisation à l'intention des jeunes

Porter secours : L'importance d'administrer le traitement rapidement
Société canadienne de la schizophrénie
Sans frais : 1 888 772-4673
info@schizophrenia.ca

Ressource éducative à l'intention des jeunes

www.ingramcontent.com/pod-product-compliance
Lightning Source LLC
Chambersburg PA
CBHW080549170426
43195CB00016B/2727